КАК СТАТЬ ДЕНЬГАМИ

ACCESS CONSCIOUSNESS®

"Всё в жизни приходит ко мне в лёгкости,
радости и великолепии!®"

Гэри Даглас

КАК СТАТЬ ДЕНЬГАМИ

Копирайт © 2015 Гэри М. Даглас

Access Consciousness Publishing Company, LLC

www.AccessConsciousnessPublishing.com

Напечатано в Соединенных Штатах Америки

ISBN: 978-1-63493-170-0

ACCESS CONSCIOUSNESS®

"Все в жизни приходит ко мне с радостью, легкостью и великолепием"

Содержание

Введение

Гэри Даглас (основатель Access Consciousness®) получил эту информацию путем ченелинга от сущности по имени Раз. Гэри больше не занимается ченелингом. Это транскрипция живого класса.

Аксесс был создан, чтобы вдохновлять вас знать то, что вы знаете. Он дает вам доступ к осознанности. Вы единственный, кто знает, что правильно для вас. Помните это!

Пожалуйста, используйте книгу как инструмент для изменения сумасшедших и ограничивающих вас точек зрения по поводу денег.

Для большей информации про Access Consciousness® и другие продукты и классы на жизненные темы – бизнес, деньги, отношения, секс, магия, тела и другое – пожалуйста посетите наш вебсайт. Будьте и делайте всё, что потребуется, чтобы создавать и генерировать ВАШУ жизнь и проживание большим, чем вы ощущаете это возможно!

www.accessconsciousness.com

Транскрипция живого класса с Гэри Дугласом с ченнеллингом сущности по имени Раз

Гэри: Этот мастер-класс на тему денег будет для меня новым опытом. Я не знаю, каким этот класс будет для вас. Удостоверьтесь что вас есть тетради, ручки и карандаши и всё, что вам понадобится сегодня, так как вам предстоит сделать многое сегодняшним вечером. Из малого, что Раз дал мне, может случиться очень многое. Еще раз, он попросить вас помочь выступить и быть зеркалом других людей сегодня. И если у вас есть проблемы с этим, накройтесь одеялом, чтобы он вас не мог видеть, иначе, он вас обязательно спросит. И не смущайтесь чего бы здесь не произошло, потому что реальность такова, что здесь нет ни одного человека, проблемы которого с деньгами отличались бы от другого. Нет никакой разницы - миллион у вас или 50 центов, проблемы с деньгами сложны для всех. Окей? Давайте начнем.

Рабочие вопросы

Этим вечером мы поговорим о том, как БЫТЬ деньгами. То, чем вы были – это энергия, то, чем вы являетесь– это энергия, то, чем вы будете – это энергия. Деньги – это энергия.

Отвечая на вопросы этим вечером, будьте осознанны. Честность ваших ответов относится не к людям, которые вас окружают, а к вам самим. Каждая точка зрения, которую вы создали по поводу денег, создает ограничения и параметры, из которых вы получаете деньги.

Всё, что вы создаете, другие создают. Будьте в полной честности с собой, иначе вы единственный, кого вы дурачите; другие все равно узнают ваши секреты.

Мы просим вас помнить что предмет денег не считается легким, хотя должен быть таковым. Легкость – это забава, это шутка. Вы можете смеяться, всё нормально. Итак, будьте готовы быть просвещенными сущностями, которыми вы являетесь.

Если вы действительно желаете результатов здесь, будет лучше, если вы ответите на все эти вопросы в этой секции прежде, чем переходить к следующей главе.

Распутин: Привет!

Студенты: Добрый вечер, Распутин

Р: Как вы? Итак, этим вечером мы поговорим о том, что больше всего дорого вашему сердцу, о деньгах. И для каждого из вас деньги – это не то, что вы думаете, чем они являются. Мы сегодня поработаем с вами, чтобы поспособствовать тому, чтобы вы научились справляться с деньгами, не в текущих ситуациях, а в позволении изобилия, что является истиной вашего бытия.

Итак, мы начинаем. Мы задаем вам такой вопрос: Что такое деньги? Напишите три ответа, чем деньги являются для вас. Не пишите то, что вы считаете должно быть, не пишите «правильных» ответов, потому что таких нет. Позвольте своему разуму растаять и будьте в позволении того что является правдой того, чем для вас являются деньги.

Вопрос 1: Что такое деньги?

Ответ 1:

_____

_____

_____

_____

Ответ 2:

_____

_____

_____

_____

Ответ 3:

_____

_____

_____

_____

Все готовы? Второй вопрос: Что деньги значат для вас? Запишите три ответа.

Вопрос 2: Что деньги значат для вас?

Ответ 1:

_____

_____

_____

_____

Ответ 2:

_____

_____

_____

_____

Ответ 3:

_____

_____

_____

_____

Третий вопрос: Какие три эмоции у вас есть, когда вы думаете о деньгах?

Третий вопрос: Какие три эмоции у вас есть, когда вы думаете о деньгах?

Ответ 1:

_____

_____

_____

_____

Ответ 2:

_____

_____

_____

_____

Ответ 3:

_____

_____

_____

_____

Теперь следующий вопрос, номер четыре: Как деньги чувствуются для вас? Три ответа. Как деньги чувствуются для вас?

Четвертый вопрос: Как деньги ощущаются для вас?

Ответ 1:

_____

_____

_____

_____

Ответ 2:

_____

_____

_____

_____

Ответ 3:

_____

_____

_____

_____

Следующий вопрос: Как деньги выглядят для вас?

ПЯТЫЙ ВОПРОС: Как деньги выглядят для вас?

Ответ 1:

_____

_____

_____

_____

Ответ 2:

_____

_____

_____

_____

Ответ 3:

_____

_____

_____

_____

Все готовы? Следующий вопрос: Какие для вас деньги на вкус? Почувствуйте их во рту. Какие они для вас на вкус? Большинство из вас не держали денег во рту с тех пор, как были детьми, вы можете использовать это в качестве ориентира.

ШЕСТОЙ ВОПРОС: Какие для вас деньги на вкус?

Ответ 1:

_____

_____

_____

_____

Ответ 2:

_____

_____

_____

_____

Ответ 3:

_____

_____

_____

_____

Следующий вопрос, все готовы? Когда вы видите, что деньги приходят к вам, из каких направлений они идут? Справа, слева, сзади, спереди, сверху, снизу, отовсюду? Откуда вы видите они приходят?

СЕДЬМОЙ ВОПРОС: Когда вы видите, что деньги приходят к вам, из каких направлений они идут?

Ответ 1:

_____

_____

_____

_____

Ответ 2:

_____

_____

_____

_____

Ответ 3:

_____

_____

_____

_____

Хорошо, следующий вопрос: В отношении денег, вы чувствуете, что у вас есть больше, чем вам нужно или меньше?

ВОСЬМОЙ ВОПРОС: В отношении денег, вы чувствуете, что у вас есть больше, чем вам нужно или меньше?

Ответ 1:

_____

_____

_____

_____

Ответ 2:

_____

_____

_____

_____

Ответ 3:

_____

_____

_____

_____

Следующий: В отношении денег, когда вы закрываете глаза, какого они цвета и сколько измерений у них есть?

ДЕВЯТЫЙ ВОПРОС: В отношении денег, когда вы закрываете глаза, какого они цвета и сколько измерений у них есть?

Ответ 1:

Ответ 2:

Ответ 3:

ДЕСЯТЫЙ ВОПРОС: В отношении денег, что легче – входящий поток или исходящий поток?

Ответ 1:

_____

_____

_____

_____

Ответ 2:

_____

_____

_____

_____

Ответ 3:

_____

_____

_____

_____

Следующий вопрос: Какие у вас три самые худшие проблемы с деньгами?

ОДИННАДЦАТЫЙ ВОПРОС: Какие у вас три самые худшие проблемы с деньгами?

Ответ 1:

_____

_____

_____

_____

Ответ 2:

_____

_____

_____

_____

Ответ 3:

_____

_____

_____

_____

Следующий вопрос: Чего у вас больше – денег или долгов?

Двенадцатый вопрос: Чего у вас больше – денег или долгов?

Ответ:

_____

_____

_____

_____

И еще одни вопрос: В отношении денег, для того, чтобы иметь изобилие в жизни, какие три вещи будут решением вашей текущей финансовой ситуации?

ТРИНАДЦАТЫЙ ВОПРОС: В отношении денег, для того, чтобы иметь изобилие в жизни, какие три вещи будут решением текущей финансовой ситуации?

Ответ 1:

_____
_____
_____
_____

Ответ 2:

_____
_____
_____
_____

Ответ 3:

_____
_____
_____
_____

Хорошо, все получили свои ответы? Кто-то не получил? Хорошо, теперь вернитесь к вопросам, прочитайте ответы и спросите, являются ли все ответы правдой. И если нет, то измените их.

Посмотрите на свои ответы и решите, создали ли вы их честно, были ли вы честны с собой. Нет правильных и неправильных ответов, есть только точки зрения. И в точке зрения есть ограничения, из которых вы создаете свою жизнь. Если вы функционируете из миром-принятым правильного ответа, вы не честны с собой, потому что если бы вы были честны, ваша жизнь была бы совершенно другой.

Что такое деньги? Для одних – это машины, для других – дома, для третьих деньги – это безопасность, надежность, для четвертых – это обмен энергией. Но разве это так? Нет. Это энергия, также как и вы являетесь энергией. Нет никакой разницы между вами и деньгами, кроме точек зрения, которыми вы наделяете их. И вы придаете деньгам эти точки зрения, потому что вы купили их у кого-то еще.

Если вы измените то, что является вашей финансовой ситуацией, если вы поменяете то, чем являются деньги в вашей жизни, вы должны будете научиться быть в позволении всего. Особенно, когда вы слышите чью-то точку зрения, вы должны посмотреть на неё и осознать, является ли она правдой для вас. Если это правда для вас, то вы подстраиваетесь или соглашаетесь с этой точкой зрения, и таким образом создаете отвердение точки зрения. Если же это не правда для вас, то вы сопротивляетесь или реагируете, что также создает отвердение точки зрения. Даже ваши собственные точки зрения не требуют соглашения, они просто интересные точки зрения.

То, чем вы являетесь, то что вы бы хотели иметь – вы должны этим БЫТЬ. То, что вы не имеете внутри себя, вы вообще не можете иметь. Если вы видите деньги снаружи от вас, вы не можете их иметь. Если вы видите деньги в любом месте но не внутри себя, вы никогда не будете их иметь, и с вашей точки зрения вам никогда не будет достаточно.

$$$$$$$$$$$$$$$$$$$$$$$$

ГЛАВА I

Что такое деньги?

Распутин: Хорошо, все готовы? Все удовлетворены своими ответами? Хорошо. Сейчас мы начинаем разговор о деньгах. Для начала у вас сейчас есть понимание, того, с чего вы начали - все ваши точки зрения по поводу денег. Вы видите свою жизнь как свою финансовую ситуацию, в которой вы находитесь. Вы купили точку зрения, что ваша жизнь – это то, что вы имеет сейчас как финансовую реальность. Все это интересная точка зрения.

Сейчас мы поговорим о разнице между позволением и принятием. Позволение: вы камень в потоке и любая мысль, идея, верование или решение, которое к вам приходит, обходит вас и движется дальше – это когда вы камень в потоке и вы в позволении. Если же вы в принятии, то все идеи, мысли, верования, решения приходят к вам и вы становитесь частью потока и вас смывает.

Принятие имеет три компонента: подстраивание или соглашение, которое делает точку зрения твердой, и создает сопротивление и реакцию, которая делает это твердым. Как это выглядит в реальной жизни? Например, ваш друг говорит вам «В мире не достаточно денег». Если подстроились или согласились с этим, вы отвечаете: «Да, ты прав», вы делаете это твердым в его и своей жизни. Если вы сопротивляетесь, вы думаете: «Этот парень хочет денег от меня» и вы делаете это твердым в его жизни и в своей. Если вы реагируете на это, вы говорите: «Ну, у меня куча денег в моей жизни, я не знаю, что с тобой не так» или вы говорите «Это не то, как это будет для меня» и вы покупаете это и делаете это твердым в своей жизни.

Если ваш друг говорит вам: «В мире не достаточно денег» - это просто интересная точка зрения. Каждый раз слыша информацию о деньгах, вы должны сразу же осознать, что это только интересная точка зрения; это не должно быть вашей реальностью, это не должно быть тем, что появляется.

Что такое деньги? Итак, некоторые из вас думают, что деньги – это золото, некоторые думают, что это машины, дома, обмен энергией, средство обмена. И заметьте, каждая из этих точек зрения – это твердость. Деньги – это всего лишь энергия. В мире нет ничего, что не являлось бы энергией.

Если вы посмотрите на свою жизнь и вы подумаете, что у вас не достаточно денег, то вы в говорите своему ангелу, который сидит рядом с вами и помогает вам, что вам не нужно больше денег, вам не нужно больше энергии. На самом деле, вам не нужно, вы и есть энергия и у вас есть неограниченный доступ ко всему. У вас есть более, чем достаточно энергии, чтобы делать всё, что вы желаете в своей жизни, но вы просто не выбираете создавать себя как деньги, энергию и силу.

Что такое сила для вас? Для большинства из вас сила – это о подавлении другого или это о контроле другого, или это о контроле своей жизни, или о том, чтобы добавить контроль в вашу жизнь, или о контроле вашей финансовой судьбы. Интересная точка зрения, не правда ли?

Финансовая судьба, что это такое? Это странная программа, программа судьбы. Каждый раз говоря: «Я должен иметь программу финансовой свободы», вы говорите себе, что у вас нет свободы. И поэтому вы ограничены полностью в выборе и в жизненном опыте.

Мы просим вас всех сейчас закрыть свои глаза и начать притягивать энергию спереди через каждую пору своего тела. Не вдыхайте её, просто притягивайте к себе. Хорошо, теперь тяните её сзади, отовсюду. И сейчас притягивайте её слева и справа, и сверху. Заметьте, существует огромное количество энергии доступное для вас, когда вы притягивайте её. Теперь превратите эту энергию в деньги. Обратите внимание, что многие из вас сделали её сразу плотной. Теперь это уже стало не просто энергией, которую вы притягивали. Вы сделали эту энергию значимой. Вы купили идею, что деньги являются значительностью, и таким образом затвердили энергию в то, чем вы решили деньги являются. Вы согласились и подстроились под остальной мир о том, как деньги функционируют. Мир не функционирует на деньгах, он функционирует на энергии. Мир платит в энергетических монетах и если вы даете и получаете деньги как энергию, вы будете в изобилии.

Но для многих из вас входящий поток энергии – это категория, это идея. Потяните энергию опять полностью в своё тело, тяните, тяните в себя. Можете удерживать это? Создает ли это больше и больше? Останавливается ли энергия в вас? Нет, вы просто являетесь энергией и направлением, в котором вы фокусируете своё внимание – это то, как вы создаете энергию. С деньгами всё то же самое.

Всё в мире является энергией. Нет ни одного места, откуда вы не можете получить энергию. Вы можете получить энергию от собачьего дерьма на земле, от мочи на снегу или вы можете почувствовать её от водителя машины или такси. Вы получаете энергию отовсюду. Сейчас возьмите и запустите большой поток денег в водителя такси, от себя спереди к водителю такси, любой водитель подойдет. И увеличивайте поток больше, больше, больше, больше, больше, больше и больше. Теперь почувствуйте энергию, которая заходит через спину. Вы ограничиваете её количество?

Откуда деньги приходят? Если вы видите, что они приходят справа или слева, это означает, что ваша жизнь заключается в работе, потому что это единственный путь, откуда вы можете получить деньги. Если вы видите, что они приходят спереди к вам, то они принадлежат будущему. И если вы видите их позади вас, то они идут из прошлого, и это единственное место, где у вас были деньги. Ваша жизнь такова: «У меня были деньги, а сейчас их нет, я очень жалкий». Но на самом деле, это все просто интересная точка зрения.

Теперь, когда вы запускаете поток денег, вы это делаете из сердечной чакры, корневой чакры или из коронной? Откуда нужно её посылать? Запускайте отовсюду, из полноты своего бытия и тогда энергия течет из полноты вашей сущности.

Если ты видишь, что деньги приходят сверху, то ты думаешь, что это дух обеспечивает тебя деньгами. Дух обеспечивает тебя энергией, чтобы создать то, что ты *решил* создать. Что ты делаешь, что делаешь, чтобы создать деньги? Прежде всего, ты должен стать силой. Сила – это не сидеть на ком-то сверху, это не контроль. Сила – это энергия... безграничная, расширяющаяся, растущая, удивительная, великолепная, сказочная, буйная и быстрая энергия. Она везде, нет уменьшения себя в энергии, нет уменьшения себя в силе и уменьшения другого. Когда ты являешься силой, ты являешься полностью собой! И когда ты являешься собой, ты являешься энергией, и как с энергией, с тобой соединено всё, что означает безграничное обеспечение деньгами присоединено к тебе также.

Теперь, ты станешь силой и для этого 10 раз каждое утро говори: «Я сила». И 10 раз каждый вечер: «Я сила». Чем ещё ты должен быть? Творчеством. «Я творчество». Что такое творчество? Творчество – это видение твоей жизни и работа, которую ты желаешь делать как суть тебя, как душа энергии. Всё, что ты делаешь, делай с и как творчество, не важно, моешь ли ты полы, чистишь туалеты, моешь ли окна, посуду, готовишь поесть, подписываешь чеки, делай с творчеством, соединенным с силой, это и есть энергия которая приводит к деньгам, потому что они все являются одним.

Следующий элемент, который ты должен иметь – это осознанность. Что такое осознанность? Осознанность – это признание того, что всё, всё о чем ты думаешь – будет создано и манифестировано. Осознанность – это как твоя жизнь осуществляется согласно твоим мыслям.

Если у вас есть творческий образ того, куда вы идёте и что собираетесь делать и вы прикрепляете к этому осознанность – это заключает сделку, и ваше создание проявится. Но вы ещё добавляете элемент времени – время! Время – это ваш убийца, если вы не манифестируете миллион долларов к завтрашнему дню, после того, как закончится этот курс вечером, вы решите, что это бесполезный класс и забудете всё, чему научились.

Итак, как же учесть время? Являясь контролем. «Я контроль».

Что это значит, быть «Я контроль»? «Я контроль» - это понимание того, что в точное время, в точном виде, без определенного вами способа, который вы представляете как творчество, который вы осознаете как завершение, с которым вы связаны, как сила, как энергия, ваше создание свершится в своё время и в своих собственных рамках. И если вы поместите эти 4 компонента вместе и позволите вселенной подстроить каждый аспект этого, настроить мир стать вашим слугой, вы будете манифестировать именно то, что желаете.

Теперь давайте немного поговорим о желании. Желание – это эмоция из которой вы решаете создавать. Является ли это реальностью? Нет, это только интересная точка зрения. Если вы желаете одежду, делаете ли вы это потому что вам холодно или слишком жарко или потому что вы сносили свои туфли? Нет, вы не делаете это по таким причинам, вы делаете это по многим другим. Потому что кто-то сказал вам, что вы выглядите хорошо в этом цвете или потому что кто-то сказал вам, что видел вас слишком часто в этой рубашке или потому что они думают…. (смех). Да, мы рады, что вы немного взбодрились тут. (смех)

Хорошо, итак, желание – это место, где вы запускаете эмоциональный поток нужды в свою настойчивость, что является реальностью. Вы как сущность, как энергия, как сила, как творчество, как осознанность и как контроль не имеете желаний вообще, никаких желаний. Вам не важно что вы испытываете, вы только выбираете приключение. Что вы не выбираете, так это легкость, потому что это обозначает что вам нужно быть силой, потому что это обозначает что вам нужно манифестировать на этой земле мир, спокойствие, радость, смех и великолепие. Не только для себя, но и для других.

Вы обычно выбираете из уменьшения себя. *Если вы станете силой, которой вы являетесь, то от вас потребуется жить в радости, легкости и великолепии.*

Великолепие – это буйное проявление жизни и процветание во всем.

Что такое процветание во всем? Это понимание и реальность того, что вы связаны со всем и каждым существом на этой планете, с каждой молекулой и каждая из них поддерживает вас и энергию и силу, которой вы являетесь. Если вы функционируете из чего-то меньшего чем все это, то вы просто зануда.

Из того, что является ухудшением финансовой нестабильности, вы создаете себя как маленького, неспособного, даже больше того – неуклонного. Неуклонного к принятию вызова того, кем вы действительно являетесь, потому что вы сила, вы контроль, вы осознанность и вы творчество. И эти 4 элемента создают изобилие. Итак, станьте ими, используйте их до конца жизни или пока вы не станете ими. И вы можете добавить еще один и сказать «Я деньги». Хорошо, теперь мы собираемся попросить вас всех сказать это с нами вместе. Хорошо? Итак, мы начинаем:

Я сила, я осознанность, я контроль, я творчество, я деньги, я контроль, я сила, я осознанность, я творчество, я сила, я осознанность, я контроль, я творчество, я деньги, я осознанность, я сила, я контроль, я осознанность, я сила, я контроль, я деньги, я творчество, я радость. Хорошо.

Теперь, почувствуйте вашу энергию и почувствуйте расширение, которое ты чувствуешь своей энергии. Это и есть действительно ты и это то, откуда ты создаешь денежный поток. Тенденция большинства из вас – засунуть себя в маленькое владение под названием «тело» и думать. Перестаньте думать, разум – бесполезный инструмент для вас, выбросьте разум и начните функционировать из правды себя, силы себя, расширения себя. Будьте в совокупности. Теперь каждый из вас, притяните себя в свой финансовый мир. Как это ощущается, хорошо?

Студент: Нет

Р: Почему же ты выбираешь жить там? Из какого ограничивающего убеждения ты функционируешь? Запиши!

Из какого ограничивающего убеждения ты функционируешь в жизни, что создает твой финансовый мир?

Ответ:_____

Теперь, продолжайте расширяться как сила и посмотрите на финансовый мир, который вы создали внутри себя, не как на реальность, а как на пространство, из которого вы функционируете. И какое ограничивающее убеждение у вас есть, чтобы вот так функционировать? Не уходите в своё тело - мы чувствуем, что вы это делаете. Просто прикоснитесь к пространству, не находясь в нем. Спасибо, ну вот. Расширяйтесь туда, да, именно так. Не уходите в это пространство. Вы делаете это снова, выйдете дальше.

Я сила, я осознанность, я контроль, я творчество, я деньги, я сила, я контроль, я творчество, я деньги, я сила, я контроль, я творчество, я деньги, я сила, я контроль, я творчество, я деньги, я осознанность, я осознанность, я осознанность. Вот так, спасибо.

Теперь, вы за пределами своих тел. Вы всё время выбираете уменьшать себя до размеров тела, затем вы выбираете ограничения по поводу того, что вы можете получить, потому что вы думаете, что только ваше тело получает энергию денег, что не является правдой. Это ложь, из которой вы функционируете. Хорошо, теперь вы более расширены. Хорошо, теперь когда вы посмотрели на свою финансовую реальность со стороны, все пришли к ответу на вопрос "Из какого ограничивающего убеждения ты функционируешь в жизни, что создает твой финансовый мир?"

У кого нет ответа?

C: У меня нет

P: Хорошо. У тебя нет ответа? Давай посмотрим. Какой ты видишь свою финансовую ситуацию? Почувствуй её в своем теле, где она находится?

C: В моих глазах.

P: Твоя финансовая ситуация тут и ты не можешь видеть, что ты создаешь, да?

C: Да.

P: Так, осознанность в твоих глазах? А, интересно, ты начал расширятся, заметил? Ограничивающее убеждение, из которого ты функционируешь: «У меня нет предвидения, чтобы знать, что произойдет и как контролировать это». Правда?

C: Да.

P: Хорошо. И как ты вытащишь себя из этого убеждения?

Теперь, остальные получили свои убеждения, из которых вы функционируете? Кому еще нужен вклад, помощь?

C: Мне.

P: Да? Какова твоя финансовая ситуация и где в теле ты её чувствуешь?

S: В солнечном сплетении, в горле.

P: Да, хорошо. И что там в солнечном сплетении и в горле? Иди туда, почувствуй это полностью, да, прямо здесь. Хорошо, ты заметил, это становится тяжелее и тяжелее. Да, больше и больше этой финансовой ситуации, которую ты чувствуешь как финансовую дыру, да? Хорошо, теперь разверни это и позволь идти в другом направлении. Ты чувствуешь это? Это сдвинулось, да?

C: Ух ух

P: Твое финансовое размышление в том, что у тебя нет силы или голоса, чтобы сказать правду себе, чтобы всё случилось.

C: Да.

P: Да, точно так. Хорошо. Ты увидишь. Теперь для всех: вы понимаете метод, того как вы разворачиваете то, что создали в своих телах, в своем мире. Где вы чувствуете свои финансовые ограничения в теле, вы разворачиваете их и позволяете выйти из вас и быть снаружи, не внутри вас - не быть частью вас, а просто интересной точкой зрения. Потому что отсюда вы можете видеть точку зрения, которая у вас есть. И это то, из чего вы функционируете, из ограничений тела и ограничений души. Кто еще себя чувствует не очень хорошо? Есть кто-то?

C: Я.

P: Голова кружится? Окей. От чего головокружение? Это то, где ты чувствуешь соображения о деньгах? Это как будто тебя раскручивает и ты не знаешь, что с этим делать? Помести это головокружение снаружи от своей головы. Почувствуй это. Теперь ты расширение. Ты видишь – это уже не та неконтролируемая штука в твоей голове. Нет ничего, что может выйти из под контроля. Это полная чушь! Единственная что вас контролирует – это красный свет в зависимости от которого вы функционируете и зелёный свет, который вам позволяет двигаться, когда ведёте машину. Почему же вы следуете этим красным и зеленым сигналам в своём теле тоже? Условные рефлексы Павлова? Теперь мы просим вас вернуться к изначальным вопросам. Какой был первый вопрос?

C: Что такое деньги?

P: Что такое деньги? Что такое деньги для вас? Ответы.

C: Мой первый ответ был сила. Мой следующий ответ был мобильность, третий – рост.

P: Хорошо. И что из этого правда?

C: Сила.

P: Правда?

C: Сила, это полностью правда.

P: Действительно ли это правда? Ты думаешь, деньги – это сила? У тебя есть деньги?

C: Нет

P: Значит у тебя нет силы?

C: Правильно

P: Это то, как ты это чувствуешь? Бессилие? Где ты чувствуешь это бессилие?

С: Когда ты это так говоришь, я чувствую это прямо в солнечном сплетении.

Р: Да, и что ты делаешь? Разворачиваешь это?

С: Но ты знаешь, когда я чувствую деньги, я чувствую их в моём сердце и когда я должен сделать что-то, где я чувствую...

Р: Да, потому что это о силе, ты чувствуешь проблемы силы в солнечном сплетении. Ты продал свою силу и отдал, тебе нужно просто развернуть поток. Сила твоя, ты есть сила. Ты не создаёшь силу, ты ей являешься. Чувствуешь там? Как только ты развернул это, ты начал расширяться снова, не делай это через голову, не думай об этом, ощути! Да, здесь, ты выталкиваешь силу наружу. Теперь, что это означает? Для большинства из вас, реальность в том, что когда у вас есть деньги, как сила и вы чувствуете этот поток, вы пытаетесь создать силу, как-будто вы решили, что у вас её нет - это ваше базовое заключение. Всё, что удерживает ваше внимание, является правдой с ложью.

С: Можешь это повторить, пожалуйста?

Р: Всё, что удерживает внимание, по поводу силы?

С: Да.

Р: Когда ты чувствуешь силу, которая идёт к тебе, ты уже решил, что у тебя её нет. Ты решил. Что это для тебя создаёт? Это уменьшает тебя. Не создавайте из заключений, заключение в том, что деньги – это сила – почувствуйте. Деньги как сила – это твёрдость или только лишь интересная точка зрения? Вы делаете их таковым. Если деньги – это сила, почувствуйте энергию этого. Это твёрдо, не так ли? Можете ли вы функционировать как энергия из твёрдости? Нет, потому что это место, откуда вы создаёте коробку, в которой живёте, и это то место, где вы оказываетесь в ловушке, прямо сейчас! В идее, что деньги – это сила. Следующий ответ?

С: Мой следующий ответ был мобильность.

Р: Мобильность?

C: Да.

P: Деньги позволяют тебе передвигаться, да?

C: Да.

P: Правда? У тебя нет денег, но ты как-то добрался из Пенсильвании в Нью-Йорк.

C: Ну если ты так на это смотришь...

P: Приехал же?

C: Да.

P: И сколько энергии ты получил здесь, что тебя изменило?

C: О, намного больше, чем потребовалось, чтобы добраться сюда. Это то, что ты имеешь в виду?

P: Да, это интересная точка зрения, не так ли? И в каком направлении твой поток, внутрь или наружу?

C: О, с этой точки зрения больше внутрь.

P: Правильно. Но ты видишь, ты всегда думаешь, что ты уменьшаешь себя, потому что ты получаешь энергию, но ты не видишь деньги как энергию, которая может войти. Ты позволяешь быть энергии с радостью, не так ли?

C: Да.

P: Большое удовольствие?

C: Да.

P: Великолепие как оно было. Теперь почувствуй это великолепие энергии; энергию, которую ты пережил за последние пару дней Чувствуешь?

C: Да.

P: Преврати это всё в деньги. Вот это да, какой ураган получился, не правда ли?

C: (Смех).

P: И почему же ты не позволяешь этому быть в твоей жизни всё время? Потому что ты не хочешь позволить себе получать. Из-за заключения, что ты нуждаешься. Как же чувствуется ощущение "необходимости"?

C: Это не чувствуется хорошо.

P: Чувствуется как что-то твердое, да? Это крышка на твоей коробке. Надо – это одно из самых грязных слов в твоем языке. Выбрось его! Возьми прямо сейчас, запиши на листе бумаги, на отдельном листе. Напиши «надо». Вырви из тетради и разорви на кусочки! Теперь тебе лучше убрать кусочки к себе в карман, иначе у Д (другой студент) будут проблемы. (Смеется) Хорошо! Как теперь чувствуется?

C: Хорошо.

P: Чувствуешь прекрасно, не правда ли? Да, хорошо. Теперь каждый раз, когда ты используешь слово «надо», запиши его и разорви на кусочки, пока оно не исчезнет из твоего словаря.

C: Могу я задать тебе вопрос?

P: Да, есть вопросы?

C: Да, просто о... Я раньше думал, что ты объяснял, что слова сила, энергия и осознанность являются взаимозаменяемый.

P: Не совсем. Если ты делаешь их значимыми, ты создаешь твердость. Ты должен оставить их энергетическими потоками. Сила – это энергия, осознанность – это энергия, как знание с абсолютной уверенностью, без сомнений, без оговорок. Если ты думаешь: «Я собираюсь иметь миллион долларов на следующей неделе», и внутри себя ты слышишь маленький голос, который говорит: «Хочешь поспорить?» или голос, который говорит: «И как же ты собираешься это сделать?» или «О, Боже, я не могу поверить, что это себе пообещал!», ты уже поставил себя в точку, где это теперь не может произойти в той временной последовательности, которую ты создал для этого, что является проблемой контроля.

Если ты говоришь: «Я бы хотел иметь миллион долларов в банке» и ты знаешь, что ты это создашь и ты не вмешиваешь время в это, потому что у тебя есть самоконтроль отслеживать свой мыслительный процесс, и каждый раз, когда у тебя возникает мысль, которая останавливает стремление к этому, ты думаешь «О, интересная точка зрения» и стираешь её, задуманное происходит намного быстрее. Каждый раз, когда у тебя возникает мысль, которую ты не стираешь, ты увеличиваешь временной период до того момента, как задуманное уже не может существовать.

Ты откалываешь потихоньку от задуманного. Понимаешь, если ты смотришь на задуманное с целью, вот как получается. Предположим у тебя есть это ти (колышек, на который кладут мяч для удара) для гольфа, и цель вот здесь и ты собираешься поместить свою идею про миллион долларов на ти, каждый раз говоря что-то или, думая что-то негативное по поводу того, что ты решил создать, ты сокращаешь основу ти пока ти не сломается и не исчезнет. И тогда задуманное больше не существует. И тогда ты строишь это заново и решаешь снова. Баланс заключается в том, что ты должен получить цель и иметь её как знания, как реальность того, что она уже существует. И в конечном итоге, в твоей последовательности времени, ты доберешься до того, что ты создал. Только тогда ты получишь, и задуманное будет твоим. Хорошо, теперь вернемся к твоему ответу номер два - мобильность. Что такое мобильность? Перемещение тела?

С: Ну да, примерно это.

Р: Ты имеешь в виду перемещение тела или в виде свободы?

С: Ну, и то, и другое.

Р: Оба?

С: Да.

Р: Ещё раз, предположение в том, что ты не имеешь этого. Заметь, твои предположения являются негативными точками зрения, что не позволяет тебе, не позволяет тебе, получать то, что ты желаешь в своей жизни. Если ты говоришь: мне нужна или я желаю свободы, ты автоматически создаешь точку зрения, что у тебя нет свободы. Что не является ни силой, ни осознанностью, ни контролем, ни творчеством. Ну, это, так скажем, разновидность творчества. Ты создал это и сделал это реальностью, из которой ты функционируешь. Осознанность – это процесс, следуя которому ты создашь свою жизнь, а не из предположения. Ты не можешь функционировать из предположения - небольшая аллитерация тут, время написать собственную поэму. Хорошо. Теперь твой 3 ответ.

С: Третий – это рост.

Р: О, у тебя не было роста последние 20 лет?

С: Ну, у меня была идея, что мне нужно путешествовать...

Р: Что ты сказал?

С: Я бы хотел иметь возможность путешествовать...

Р: Что ты сказал?

С: Я сказал: «я бы хотел», о, я сказал: «Мне надо».

Р: Да, запиши это и разорви. (Смеется). И лучше на мелкие кусочки.

С: Да, я догадался. Да, я бы хотел иметь возможность путешествовать, когда я слышу про интересные семинары, на которых я бы мог научиться чему-то.

Р: Интересная точка зрения. Теперь, какая автоматическая точка зрения здесь, какое предположение, из которого ты функционируешь? «Я не могу себе позволить это». «У меня не достаточно денег». Почувствуй энергию. Почувствуй энергию, на что это похоже?

С: Это чувствуется гораздо шире сейчас.

P: Хорошо. Но когда ты это так говоришь, как это ощущается?

C: Когда я так говорю?

P: Да. Когда ты предполагаешь, что у тебя не достаточно денег.

C: О, чувствуется уменьшение, которое чувствуется как...

P: Хорошо. Тебе еще необходимо функционировать из этого места?

C: Надеюсь, нет.

P: Надеюсь, нет? Интересная точка зрения.

C: Это точно.

P: Осознанность! Каждый раз, когда ты так себя чувствуешь, просыпайся!! Когда ты так себя чувствуешь, ты уже не сила, осознанность, контроль, творчество или деньги. Хорошо. У кого-то еще есть точки зрения, чем являются деньги для них, и кто бы хотел получить некоторые уточнения по поводу предположенной точки зрения?

C: Да.

P: Да?

C: Мой первый ответ был – космическое топливо.

P: Космическое топливо? Это то, во что ты действительно веришь и какое предположение под этим? Что у тебя нет космического топлива? Предположение под этим, что у тебя нет космического топлива. Что ты не соединён с космосом и у тебя нет осознанности. Является что-то из этого правдой?

C: Нет

P: Нет, не является. Не функционируй из предположения, функционируй из реальности. У тебя есть космическое топливо, много, много, в изобилии. Да, вот так. Это ясно? У тебя есть другая точка зрения, о которой ты бы хотел спросить?

C: Да, у меня была подушка для выживания.

P: А, интересная точка зрения, мы догадываемся, что здесь еще 5 или 6 участников, которые имеют похожую точку зрения. Какое предположение, из которого ты функционируешь, здесь? Их вообще-то три в этой точке зрения. Посмотри на них. Что ты видишь, что ты предполагаешь здесь? Во-первых, что ты будешь выживать или что ты должен выживать. Сколько миллиардов лет тебе?

C: Шесть

P: Как минимум. И так, ты прожил 6 миллиардов лет, сколько из этих жизней ты смог взять со собой подушку выживания? (Смех)

C: Все.

P: Ты брал денежную подушку во все жизни, подушку выживания?

C: Да.

P: Когда ты говоришь о выживании, ты имеешь в виду своё тело, ты предполагаешь, что ты это тело и что только с деньгами ты можешь выжить. Задержи дыхание и выдыхай энергию через солнечное сплетение, не нужно для этого дышать глубоко. Заметь, что ты можешь сделать три или четыре вдоха энергии прежде чем ты почувствуешь, что тебе требуется дышать, и твоё тело чувствует себя энергично. Да, вот так. Теперь ты можешь дышать, вдохни энергию, как ты вдыхаешь воздух. Это то, как ты становишься энергией и деньгами, ты вдыхаешь энергию с каждым вдохом, который ты делаешь; нет никакой разницы между тобой и энергией. Хорошо. Тебе это сейчас ясно?

C: Ясно ли мне?

P: Ты теперь понимаешь, как вы функционируете и какое убеждение у вас есть?

C: Да.

P: Хорошо, и нужно ли тебе это ещё?

С: Нет.

Р: Хорошо. Что ты можешь с этим сделать? Измени это - ты можешь все это поменять. Убери предположение и создай новую точку зрения как сила, энергия, контроль, творчество, деньги. Какая новая точка зрения у тебя будет?

С: Что я сила, и я энергия.

Р: Именно, ты и есть, не так ли? И всегда был? Какая интересная точка зрения. Хорошо, итак, следующий вопрос, кто хочет быть волонтёром для этого вопроса?

С: Ты сказал, там три предположения с подушкой.

Р: Да.

С: Мы только разобрали одно, разве нет?

Р: Два.

С: Два? Должен выживать.

Р: Я выживу, я должен выжить, я не могу выжить.

С: Ок.

Р: И что значит третье? Подумай об этом. Я неготов выживать. Не выраженная точка зрения.

ГЛАВА II

Что деньги значат для вас?

Распутин: Прочитайте второй вопрос, пожалуйста, и ответы.

Студент: Что деньги значат для вас?

Р: Какой твой первый ответ?

С: Безопасность.

Р: Безопасность, как это деньги являются безопасностью?

С: Если у тебя они есть, ты можешь обезопасить свое настоящее и будущее.

Р: Интересная точка зрения. Разве это действительно так, это реально так? Если у вас есть свои деньги в банке, и тут они пропали, ты в безопасности? Если у вас деньги в доме, и он сгорел в тот день, когда вы забыли заплатить за страховку, у вас есть безопасность?

С: Нет.

Р: Есть только одна безопасность, которая у вас есть, и её создают не деньги. Безопасность в истине вас – сущности, душе, единстве света. И из этого вы создаете. Вы сила, как энергия. Сила, как энергия, у вас есть, единственная безопасность которая существует. Если бы вы жили в Калифорнии, то вы бы знали, что нет никакой безопасности, потому что под вашими ногами все движется. Но здесь, на Восточном побережье, вы считаете, что почва безопасна, когда это не так. То, что вы называете миром, не является твердым местом, это ничто иное, как энергия. Твёрдые ли эти стены? Даже учёные говорят, что нет, и только потому что молекулы движутся достаточно медленно, они кажутся твёрдыми.

А вы твёрдые? В безопасности? Нет, вы пространство между кучи молекул, которые вы создали и сформировали до видимой твёрдости. Разве это безопасность? Если бы вы могли быть в безопасности с деньгами, то смогли бы вы их забрать с собой, когда умрёте? Смогли бы вы получить новое тело, опять вернуться, и получить их в следующей жизни? Поэтому, разве вы покупаете безопасность за деньги, разве это действительно означает безопасность, или это только точка зрения, которую вы приняли, на которую вы купились у других, в том, как создавать свою жизнь?

C: То есть, вы мне говорите что, если я думаю как деньги, то я могу их создать?

P: Да. Но не если вы думаете о них, а если вы ЯВЛЯЕТЕСЬ ими!

C: Как мне стать деньгами?

P: Во-первых, у вас должно быть видение своей жизни, и вы делаете это через "Я есть творчество." Вы творчество, как видение. Вы являетесь "Я есть сила," как энергия. Вы являетесь "Я есть осознанность," как точное знание, что мир будет таким, каким вы его видите. И вы являетесь "Я есть контроль," не в личной заинтересованности, как вы этого достигнете, но в осознанности, что вселенная подстроится, чтобы дать вам ваше видение, если вы поддерживаете свою силу, и вы поддерживаете свою осознанность в соответствии с тем, что вы делаете. Тогда, если у вас на месте эти четыре элемента, то вы сможете стать "Я есть деньги." Вы можете их использовать, вы можете говорить, "Я есть сила, Я есть осознанность, Я есть контроль, Я есть созидание, Я есть деньги." И используйте это каждое утро, и каждую ночь, пока вы не станете деньгами, пока вы не станете творчеством, пока вы не станете осознанностью, пока вы не станете контролем, пока вы не станете силой. Вот такой процесс как стать деньгами. "Я есть" через то, чтобы этим быть. Это то, как вы создаёте себя сейчас. Вы видите, если вы создаёте себя из точки зрения "Я получаю безопасность через получение денег," что это означает? Это временная последовательность, будущность, да?

C: Правильно.

P: Так что вы никогда не сможете этого достичь.

C: Необходимо ли нам всегда быть в настоящем?

P: Да! "Я есть" ставит вас всегда в настоящее. Итак, какие ещё точки зрения у тебя есть о деньгах, и что они для тебя значат?

C: Ну, безопасность была основной, потому что другие две – это быть дома и будущее. Но, если бы у меня была безопасность, то мой дом и моё будущее были бы в безопасности. Так что это действительно ...

P: Неужели это правда?

C: Нет, нет, нет, это не так. Я теперь понимаю, что является моей первостепенной нуждой в безопасности.

P: Да, хорошо.

C: Я понимаю эти "Я есть."

P: Да. У кого-то еще есть точки зрения, по которым вы желаете получить ясность?

C: Счастье.

P: Счастье, деньги купят тебе счастье, да?

C: Я так думаю.

P: Есть ли у тебя деньги в кармане?

C: Немного.

P: Ты счастлив?

C: Ну, хм.

P: Итак, деньги не купили тебе этого, не так ли?

C: Нет.

P: Это правда, вы создаёте счастье, вы создаёте удовольствие в жизни, а не деньги. На деньги не купишь счастье. Если у вас есть точка зрения, что счастье можно купить за деньги, то если у вас нет денег, как же возможно вам быть счастливым? И суждение, которое приходит после этого, "Мне не достаточно денег, чтобы быть счастливым." И даже если ты получишь больше, то у тебя всё равно не достаточно денег, чтобы быть счастливым. Понимаешь смысл? Что ты чувствуешь по этому поводу?

C: Я просто, всегда счастлив, даже если у меня нет денег, но зная, что мне надо заплатить кому-то в четверг, и что у меня нет денег, ухудшает моё настроение.

P: Аа! Вот и приехали, теперь мы добрались до дна – время. Как ты создаешь деньги?

C: С помощью работы, работая.

P: Это интересная точка зрения. Ты имеешь в виду, что можешь получать только работая?

C: Это был мой опыт.

P: Итак, какая точка зрения появилась первой – идея, что тебе нужно было работать, чтобы получить деньги, или опыт?

C: Идея.

P: Правильно. Ты её создал, или нет?

C: Да.

P: Итак, ты ответственен за это, ты создал свой мир точно в соответствии со своим образом мышления. Выкинь свой разум, он тебе мешает. Когда ты думаешь, ты не растёшь богатым, а ты растёшь ограниченным. Получается, что мыслительный процесс тебе мешает, и потом ты уменьшен. Ты ограничил себя в том, что ты собираешься достичь, и что ты получишь. Ты ведь всегда был способен создать счастье, разве нет?

C: Да.

H: Это только счета, которые тебе мешают, да?

C: Да.

P: Что ты здесь делаешь? Ты думаешь, что у тебя есть видение денег, и того, как будет выглядеть твоя жизнь, да?

C: Да.

P: Итак, представь это видение сейчас. Как ощущается? Легко или тяжело?

C: Легко.

P: И когда ты в легкости, знаешь ли ты, что ты заплатишь всё, что должен?

C: Можете сказать это ещё раз?

P: В этой легкости, знаешь ли ты, как осознанность, что ты заплатишь всё, что должен?

C: Да.

P: Ты это знаешь? У тебя есть абсолютная осознанность и уверенность в этом?

C: Что мне надо заплатить всем, кому должен.

P: Нет, не что тебе надо, а что ты сможешь.

C: Даа, Я думаю смогу.

P: О, интересная точка зрения, Я думаю, что Я смогу. Если ты думаешь, что ты заплатишь, есть ли у тебя желание заплатить, или ты этому сопротивляешься?

C: Я сопротивляюсь этому.

P: Да, ты сопротивляешься этому. В чем смысл сопротивления?

С: Я не могу вам сказать.

Р: Что является основной точкой зрения в нежелании заплатить? Если бы у тебя были деньги, ты бы заплатил?

С: Да.

Р: Итак, какая основная не выраженная точка зрения здесь?

С: Что я беспокоюсь о деньгах, что мне не хочется заплатить.

Р: Что тебе будет нахватать, да?

С: Да.

Р: Да, это не выраженная точка зрения; и это то, на что ты не можешь смотреть, что создаёт для тебя проблемы. Потому что это то, от куда ты создавал – из точки зрения, что будет недостаточно. Итак, создал ли ты, что чего-то не хватит в качестве реальности?

С: Да.

Р: Это то от куда ты функционируешь?

С: Я не понимаю, что вы говорите.

Р: Тебе нравится функционировать из "недостаточно"?

С: Да-а.

Р: Так в чём ценность выбирать "недостаточно"?

С: Её нет.

Р: Она должна быть, иначе бы ты не сделал такой выбор.

С: Разве не у всех нас есть такой страх?

Р: Да, у вас у всех есть этот страх, что может быть недостаточно. И так как вы все функционируете из определенности, что будет недостаточно, вы ищете безопасности, ищете счастья, ищете дом, ищете будущее; когда, в реальности, вы создали все будущие, которые вы когда-либо имели. Каждое прошлое, каждое настоящее и каждое будущее создаётся вами. Вы проделали безупречную работу создания этого, в точности как вы задумали. Если вы думаете, что чего-то не достаточно, то что вы создаёте?

C: Недостаток.

P: Именно так, и будет недостаточно. Теперь, поздравьте себя с хорошей работой, и вы проделали безупречно-прекрасную работу по созданию "недостаточно." Поздравляю, вы прекрасные и великолепные создатели.

C: Создав ничего.

P: Ох, теперь, вы кое-что создали, вы создали долг, разве не так?

C: Все правильно, это так.

P: Вы были хороши в создании долгов, вы были хороши в создании "недостаточно," вы были хороши в создании достаточного количества, чтобы себя прокормить и одеть, да? Так что вы прекрасно справились с этой частью созидания. Так, что это за точка зрения, из которой вы не создаете? Без ограничений, без ограничений.

C: Разве это не требует много практики?

P: Нет, это не требует практики.

C: Мы делаем это просто так постоянно?

P: Да, всё, что вам требуется делать – это БЫТЬ "Я есть творчество," видение вашей жизни. Как бы вы хотели, чтобы выглядела ваша жизнь? Какой бы она была, если бы вы создавали её любым способом? Вы бы были миллионером, или были бы нищим?

C: Миллионером.

P: Откуда ты знаешь, что лучше быть миллионером, нежели нищим? Если ты миллионер, то кто-то может придти и украсть все твои деньги, а если ты нищий, то никто не придёт и не украдёт их. Ты бы хотел быть миллионером в этом случае? С какой целью? Почему ты желаешь быть миллионером? В чём ценность быть миллионером? Кажется, что это хорошая идея, но она может просто казаться хорошей идеей, да?

С: Да-а, это хорошая идея.

Р: Это хорошая идея. Давайте немного повеселимся. Закройте глаза, и представьте картинку ста долларовой купюры у вас в руке. Теперь разорвите её на маленькие кусочки, и выбросьте. Больно?

Класс (смех).

Р: Представьте картинку тысячи долларов, теперь разорвите и выбросите. Это еще больнее, неправда ли?

С: Да.

Р: Теперь, десять тысяч долларов, и сожгите их, бросьте их в камин. Интересно, было не так сложно бросить их в камин, не правда ли? Ну хорошо, теперь бросьте сто тысяч долларов в камин. Теперь бросьте миллион долларов в камин. Теперь бросьте десять миллионов долларов в камин. Теперь БУДЬТЕ десятью миллионами долларов. В чем разница между десятью миллионами долларов в камине, и в том, чтобы быть десятью миллионами долларов?

С: Это ощущается приятнее.

Р: Хорошо, так почему же вы все время выбрасываете свои деньги в камин?

Класс: (смех)

Р: Вы всегда выбрасываете свои деньги, и вы всегда тратите их в попытке быть счастливыми, пытаясь выживать. Вы не позволяете себе создавать столько, чтобы почувствовать что вы есть деньги, что вы готовы быть деньгами. Готовность быть деньгами - это быть миллионом долларов или быть десятью миллионами долларов. Быть ими – это просто энергия, у неё нет никакой важности, пока вы её не сделаете важной. Если вы делаете её важной, то вы делаете её тяжелой. Если делаете её важной, то она становится твердой, и тогда вы заперли себя. Коробочка вашего мира – это параметры, по которым вы создаете свои ограничения. Просто потому, что у вас больше коробка, не означает, что она меньше является коробкой – это все ещё коробка. Смысл ясен?

C: Да.

P: Тебе нравится смысл?

C: Да.

P: Хорошо.

C: Это всё ещё сложно. (смех)

P: Вот это интересная точка зрения, тяжело быть деньгами, да?

C: Да.

P: Теперь, посмотри на эту точку зрения. Что ты создаешь этой точкой зрения?

C: Я знаю, я ограничиваю возможности.

P: Да, ты делаешь это сложным, твёрдым и реальным. Боже, ты хорошо с этим справился. Поздравляю, ты прекрасный и великолепный создатель.

C: Эти два магических слова – я есть.

P: Я есть деньги, Я есть сила, Я есть творчество, Я есть контроль, Я есть осознанность. Всё правильно, есть ли у кого-либо ещё точка зрения, объяснение которой они бы хотели получить?

C: Деньги можно сделать, не работая для этого?

P: Деньги можно сделать, не работая для этого. Теперь есть два очень интересных ограничения. Во-первых, как сделать денег, у вас есть печатный станок на заднем дворе?

C: Нет.

R: И не работая для этого; что работа значит для тебя?

C: Зарплата.

P: Робота – это зарплата?

C: Да.

P: Так, вы сидите дома и получаете зарплату?

C: Нет, я иду работать.

P: Нет, работа для тебя – это то, что ты ненавидишь делать. Почувствуй слово работа, почувствуй его. Как ощущается? Оно ощущается легко и воздушно?

C: Нет.

P: Ощущается дерьмом, да? (смех) Работа, смотреть в хрустальный шар – это работа?

C: Нет.

P: Что ж, не удивительно, что ты не зарабатываешь. Ты не видишь, что ты делаешь работая, не так ли?

C: Я пока ещё не знаю, что я действительно делаю.

P: Интересная точка зрения. Как ты можешь быть "Я есть осознанность," и не знать, что ты делаешь? Какое здесь основное предположение? Какая тут основная точка зрения, из которой ты функционируешь?

Точка зрения - "Я боюсь"?

C: Я не понимаю.

P: Что ты не понимаешь? Если ты сомневаешься в своих способностях, ты не можешь брать деньги. Правда же?

C: Дело не в том, что я в этом сомневаюсь. Дело в том, что я не понимаю что я делаю. Я не знаю, что я вижу.

P: Хорошо, освободи свой разум, соединись со всеми своими гидами, и позволь шару быть гидом для тебя. Ты пытаешься это понять и выяснить через точки зрения мысли. Ты не мыслительная машина; ты телепат. Телепат ничего не делает кроме того, что сидит, готовый увидеть картинки, и освободить разум, начать говорить, и позволить этому идти потоком. Ты это можешь сделать?

C: Да-а, я могу.

P: И ты хорошо справляешься, когда позволяешь этому происходить. И только когда ты включаешь разум, тогда это становится невозможным. К твоему сожалению, ты не доверяешь тому, что ты знаешь. Ты не видишь, что ты, как безграничная сущность, которой ты являешься, имеешь доступ к ко всему знанию во вселенной. И что ты, ничто иное как трубопровод для пробуждения космической осознанности. Реальность в том, что ты живёшь в страхе... страхе успеха, в страхе своей силы и в страхе своих способностей. И, для каждого из вас, под этим страхов сидит гнев, мощный гнев и ярость. И на кого вы злитесь? На себя. Вы злитесь на себя за то, что берёте и выбираете быть органичными сущностями, которыми являетесь сейчас, и не идёте прямо во весь рост Божественной Силы, что вы есть, а функционируете из ограниченного размера своего тела, как будто это оболочка существования. Расширитесь и выйдите из этого через то, чтобы ничего не бояться и не злиться, но в прекрасном и величественном чуде вашей способности создавать. Творчество – это видение. У тебя бывают видения?

C: Да.

P: Знание, как осознанность, знание – это уверенность в том, что у вас есть связь со своей силой. У тебя это есть?

S: Да.

P: И контроль, ты готова отдать его космическим сил?

C: Если я научусь как.

P: Тебе не надо учиться как, тебе достаточно быть "Я есть контроль." То, что ты видишь за пределами себя, ты не можешь это иметь. "Научиться как" – это способ, которым ты создаешь ослабление, и ты также берешь в расчет ценность времени в вычисления достижений, как будто оно действительно существует. Ты знаешь, что будет в будущем, и ты знаешь все, что было в прошлом прямо сейчас. Не существует времени, кроме того, которое ты создаешь. Если ты хочешь продвинуться, то тебе нужно двигаться из точки зрения "Я есть контроль," и отказаться от необходимости понимать, как попасть из Точки А в Точку Б, чем и является "если я научусь." Это и есть путешествие из Точки А в Точку Б. Ты пытаешься проконтролировать процесс и собственную судьбу от уменьшения. Тебе этого не достичь из этой точки. Ты понимаешь?

C: Да.

P: Ты готова посмотреть на свой гнев?

C: Да.

P: Так посмотри на него. Как ощущается?

C: Неправильным.

P: Где ты его чувствуешь, в какой части тела?

C: В моей груди.

P: Так возьми сейчас, и вынь его из груди на три фута перед собой. Вытолкни его. Хорошо. Как теперь ощущается? Тяжело или легко?

C: Особо тяжёлым не чувствуется.

P: Но он на расстоянии трех футов от тебя, да? Теперь так, это твой страх, он реален?

C: Да.

P: Разве? Интересная точка зрения. Это всего лишь интересная точка зрения, а не реальность. Ты создала его, ты создатель всех своих эмоций, ты создатель всей своей жизни, ты создатель всего, что проявляется для тебя. Ты создаешь, и если ты берёшь в расчет время, тогда поставь время в 10-секундный промежуток. Вот так, мы собираемся дать тебе здесь выбор. У тебя 10 секунд до конца твоей жизни, или тебя съест тигр. Что ты выбираешь?

C: (нет ответа)

P: Время вышло, жизнь окончена. У тебя есть 10 секунд до конца жизни, что ты выбираешь? Быть провидицей или нет? Ты не выбрала, твоя жизнь окончена. Тебе осталось 10 секунд до конца твоей жизни, что ты выбираешь?

C: Быть.

P: Да, быть, выбери что-то. Когда выбираешь, то выбери быть создателем своей жизни, быть телепатом, которым ты есть, быть чтецом кристального шара в промежутках 10 секунд. Если бы тебе нужно было посмотреть в свой шар, и ты бы посмотрела и получила картинку в эти десять секунд, ты можешь сказать, что бы это было?

C: Да.

P: Правильно, смогла бы. Теперь эта жизнь окончена, тебе осталось жить десять секунд, что ты собираешься выбрать? Картинки, шар и разговоры, или нет выбора?

C: Картинки и шар.

P: Хорошо, так выбери это, и выбирай это каждый раз. Каждые десять секунд ты выбираешь по-новой, выбирай по-новой, каждый раз делай так. Ты создаешь свою жизнь в промежутках десяти секунд. Если ты создаешь её как-либо по-другому, нежели в промежутках десяти секунд, ты ты создаешь её из ожидания будущего, которое никогда не появляется, или из слабостей прошлого, основанного на твоём опыте, с идеей о том, что это создаст что-то новое, в то время, как ты поддерживаешь ту же точку зрения. Не удивительно, что твоя жизнь все такая же? Ты же не выбираешь ничего нового, или это не так? Момент за моментом ты выбираешь "У меня недостаточно. Я не хочу работать."

Сейчас я рекомендую вам исключить некоторые слова из вашего словаря. Существует пять слов, которые вам следует исключить из вашего обихода. Первое: слово *хочу*. У *Хочу* есть 27 определений, которые значат "нехватка." Английский язык существует тысячи лет и в течении этих лет слово *хочу* означало "нехватка". Вы прожили больше чем одну жизнь, когда вы говорили на английском. В этой жизни, сколько лет вы использовали слово *хочу*, думая, что вы создаёте желание? По правде, что же вы создали? Хотеть, недоставать; вы создали нехватку. Итак, вы прекрасные и великолепные создатели, можете себя поздравить.

C: (смех).

P: Второе: нужно. Что такое нужно?

C: Отсутсвие.

P: Это ослабление знания, которое вы не можете получить, вы не можете иметь что-либо, имея нужду. И за нуждой всегда будут следовать алчность, потому что вы будете пытаться что-либо получить.

Третье: и тут мы дошли до *пытаться*. *Пытаться* – это невозможность достичь, *пытаться* – это не делать выбора, *попытаться* – это не сделать ничего.

Четвёртое: *почему*. *Почему* – это всегда камень преткновения, и вы всегда будете возвращаться туда, откуда пришли.

C: Я этого не вижу.

P: Послушай как-нибудь двухгодовалого ребенка, и ты поймешь.

C: (смех). Ты никогда не получишь ответ.

P: Пятое: Но. Каждый раз, когда вы говорите "но," вы противоречите своему первому утверждению. "Я бы хотел пойти, но я не могу себе этого позволить." Все правильно, не будьте нуждой. "Мне нужно" – это говорить "У меня этого нет." "Я хочу" значит "мне не хватает." "Я пытаюсь" значит "я не сделаю." "Я но," вам лучше шлепнуть себя по заду. ("but" – с англ. "но," "butt" – с англ. "зад.") Следующий вопрос.

ГЛАВА III

Какие три эмоции у вас возникают, когда вы думаете о деньгах?

Распутин: Хорошо, кто хочет поучаствовать в следующем вопросе?

Студент: Номер три?

Р: Номер три. Да. Какой вопрос?

С: Какие три эмоции у вас возникают, когда вы думаете о деньгах?

Р: Какие три эмоции, да. Какие три эмоции у вас возникают, когда вы думаете о деньгах?

С: Ммм...

Р: Какие три эмоции у вас возникают, когда вы думаете о деньгах.

С: Первое, что поднимается – это страх, но мне это не нравится.

Р: Страх? Хорошо. И какую предполагаемую точку зрения тебе необходимо иметь, чтобы бояться денег?

С: Ну, я интерпретирую это в другом ключе, в другом смысле, что пугает отсутствие денег, которое...

Р: Да. Вот почему эмоции тут, ты боишься отсутствия денег, из-за корневого убеждения, что...

С: Мне они нужны.

Р: Напиши это.

С: И разорви.

Р: Напиши и разорви.

С: Я собираюсь задать тебе ужасный вопрос.

Р: Ок.

С: Ок, я иду в магазин, они хотят что-то взамен на то, что я у них беру (смеется).

Р: Хотят, хотят... что значит хотеть?

С: (Смеется)

Р: Они нуждаются, да хотеть означает нуждаться. Это ещё одно грязное слово, которое вы должны исключить. Но, для чего ты пошел в магазин?

С: Ок, еда.

Р: Хорошо. Ты идёшь в магазин за едой, что заставляет тебя думать, что тебе нужна еда?

С: Ты шутишь. Я знаю, что мне нужно.

Р: Нужно? Напиши это снова.

С: Хочу.

Р: Запиши это и выброси это тоже. Нужно и хочу запрещены.

С: Но ты же можешь проголодаться.

Р: Правда? Потяни энергию в своё тело, все вы, потяните энергию. Вы чувствуете голод? Нет. Почему вы не едите больше энергии и меньше еды?

С: Это было бы хорошо на какое-то время, потому что я смогу скинуть вес, но я начну болеть. (Смеется).

Р: Именно так. Ты получишь достаточно энергии там, ты можешь стать гигантским шаром.

C: Что на счёт моих друзей, которые приходят ко мне, включая тех двоих, кто спит в моём доме прямо сейчас?

P: Кто сказал, что тебе нужно их кормить? Если они не являются вкладом для тебя?

C: Они являются.

P: Страх в том, что ты не получишь. Страх в том, что деньги работают только в одном направлении и что они далеко от тебя. Когда ты чувствуешь страх, ты создаешь нужду и жадность.

C: Ок.

C: Нужда действительно из страха, сэр?

P: Да, из страха, страх приносит нужду и жадность.

C: Действительно?

P: Да.

C: Святые небеса, ты прав. Я думаю, что я сейчас осознал другую вещь, которая является базовой системой убеждений или что это не очень хорошая вещь.

P: Не очень хорошо получать

C: Не очень хорошо иметь слишком много чего-то.

P: Получать – это плохо.

C: Правильно. Или получать от других.

P: Получать, точка.

C: Правильно.

P: От чего бы то ни было. Отовсюду. Хорошо. Если ты в страхе, ты неготов получать, потому что ты думаешь, что ты иссекаемый источник и живешь в глубокой черной дыре. Страх – это всегда дыра в вас, это бездонное место. Страх делает из тебя нуждающегося, жадного и ты становишься сволочью в процессе. Так ведь?

С: Да.

Р: Следующая эмоция.

С: Желание большего.

Р: Желание, ах, да. Что такое желание? Вы идёте на улицу и начинаете вилять бёдрами, чтобы получить больше?

С: (Смеется) Я знал, что это не самое лучшее.

Р: Желание имеет значение и автоматически ты имеешь «получи больше» Заметь, получить больше - недостаток, который идёт вместе со страхом.

С: Ты знаешь, не чтобы получить больше денег, а чтобы...

Р: Получать больше, точка. Деньги не имеют ничего общего с реальностью того, что ты переживаешь. Деньги – это субъект, вокруг которого ты создаёшь реальность ничего, недостаточно, реальность хочу, нужно, желания и жадности. И это одинаково для каждого из вас. Это то, откуда этот мир функционирует.

У вас есть хороший пример этого в том, что вы называете 80-ми. 80-ые были правдой этого мира с того момента, как вы решили, все вы решили, что деньги – это необходимость. Необходимость. Что такое необходимость? Что-то, без чего вы не можете выжить и функционировать. Вы, как безграничные сущности выживали миллионы жизней, и вы не можете даже вспомнить, сколько денег у вас было и сколько вы потратили, и как вы это сделали. Но вы всё еще здесь и всё ещё выживаете. И почти каждый из вас способен в данный момент понять больше по этому поводу.

Не функционируйте из заключения, что деньги это необходимость; это не так, деньги - это ваше дыхание, это то, чем вы являетесь. Вы являетесь деньгами полностью. И когда вы чувствуете себя деньгами, а не как необходимостью, то вы стоите дорого. А когда вы чувствуете себя, как необходимость, в отношении денег, вы уменьшаете себя и вы останавливаете поток энергии и денег. Ваша третья эмоция?

С: Счастье.

Р: Ах! Счастье в отношении чего? Счастье, когда ты тратишь их, когда имеешь в кармане, когда знаешь, что они скоро придут или потому что это деньги? Можешь ли ты посмотреть на долларовый счет и быть счастливым?

С: Нет.

Р: Какая часть этого приносит тебе счастье?

С: Знание того, что определенные вещи можно будет выполнить или сделать.

Р: И деньги покупают счастье?

С: Ну я использовал не правильное слово, ммм...

Р: Как счастье приходит от денег?

С: Вообще-то не обязательно от них.

Р: Итак, как ты чувствуешь счастье в отношении денег? Когда ты чувствуешь нехватку? Когда ты чувствуешь изобилие? Когда ты чувствуешь безопасность?

С: Да, безопасность.

Р: Безопасность. Интересная точка зрения.

С: Но нет такой штуки как безопасность.

Р: Ну вообще-то есть. Безопасность существует. Есть безопасность в том, чтобы знать и иметь осознанность себя. Это единственная безопасность, которая есть, которую вы можете гарантировать, что вы пройдёте через это воплощение и оставите тело и у вас будет возможность, если вы пожелаете, вернуться и снова попытаться быть богаче в этом мире. Но счастье внутри тебя, у тебя есть счастье, ты являешься счастьем, ты не получаешь это от денег. Чтобы быть счастливым, просто будь счастливым и всё. И ты счастлив, кроме тех моментов, когда выбрал быть грустным. Правильно?

С: Да.

Р: Есть ли у кого-то ещё эмоции, которые они хотят высказать?

С: Ну я бы хотел еще немного коснуться страха.

Р: Да.

С: Потому что я потратил огромное количество энергии на эмоцию страха.

Р: Да.

С: И за страхом, под страхом всегда гнев.

Р: Да, именно так. А на что ты действительно злишься? На кого?

С: На себя.

Р: Именно так. И за что ты злишься?

С: Чувство пустоты.

Р: Не использование своей силы.

С: Эмм...

Р: Не быть собой полностью. Чувствуешь это?

С: Очень.

Р: Почувствуй в своем теле, где твой страх и злость.

С: Да.

Р: Теперь разверни это в другом направлении. Теперь как это чувствуется?

C: Облегчение.

P: Да, вот как избавляться от страха и гнева, чтобы создать больше пространства для себя. Потому что если ты посмотришь на себя, нет никакого страха в твоей вселенной, разве есть?

C: Нет.

P: И это единственная злость, которую ты можешь выражать на других, потому что на самом деле ты злишься на себя и там, где ты отказался принять правду про свою энергию полностью. Итак, можешь ли ты быть силой, которой являешься, энергией, которой являешься? Отпусти это, перестань удерживать это. Да, вот так. Ну, облегчение?

C: Да.

P: Теперь, вы должны практиковать это , хорошо?

C: Да.

P: Потому что вы уменьшаете себя, как и всё в этой комнате, бесконечные миллиарды лет, не являться собой, не являться силой. И вы это сделали, чтобы подавить свою собственную злость. Интересно, да? Злость на самого себя. И здесь нет никого, кто бы не злился на себя за то что вы не дали себе позволение быть полностью силой, которой вы являетесь. Ну, это кое-что изменило. Хорошо, кто-нибудь ещё желает поговорить про эмоции?

C: Я хочу опять поговорить про страх, с моей точки зрения. Когда я впадаю в страх – это для меня сжатие, закрытие.

P: И где ты чувствуешь это?

C: В моем солнечном сплетении.

P: Хорошо. Тогда разверни это, разверни. Да, вот так. На что это похоже сейчас?

C: Слёзы.

P: Хорошо. А что за слезами?

C: Злость.

P: Злость. Да, там, это то, что ты завязал в большой узел. Ты это хорошо спрятала, да? Хорошо, не позволяешь злости выйти, не позволяешь полностью. Почувствуй злость и позволь ей выйти из тебя полностью. Да, вот так. Сейчас заметь разницу и расширение. Ты чувствуешь это?

C: Да, это чувствуется очень хорошо.

P: Да, это чувствуется очень хорошо. Это правда тебя, ты расширяешься, будучи отстранённой от своего тела, не имея способности соединиться с этим местом. Почувствуй, как ты отпускаешь злость, реальность соединения с собой в тотальности, не в качестве какой-то духовной сущности, а в качестве настоящей себя. Появляется спокойствие и мир, когда ты по-настоящему это делаешь. Отпускай в тотальности. Вот так, видишь.

C: Я это делаю, я поняла.

P: Сила находится в доверие в то, кем ты являешься. Все остальное можно убрать.

C: Это ощущается как возвращение к себе.

P: Именно так. Быть полностью подключенным, полностью осознанием, полностью сознанием и контролем. Как ощущается контроль из этого места?

C: Чувствуется, что это очень отличается от другого контроля.

P: Да, другой – это попытка контроля злости, не правда ли?

C: Ну, я полагаю да.

R: Что ж, в конечном счёте, ты пытаешься контролировать свою злость, потому что, по правде, ты не позволяешь себе сиять. Есть покой, есть спокойствие, и есть великолепие внутри. Но ты заталкиваешь их под злость, потому что ты думаешь, что твоя злость неуместна, и таким образом ты опять уменьшаешь себя. И ты пытаешься контролировать злость. Ты можешь пытаться контролировать все вокруг себя, как способ спрятать эту злость от себя. Будь в покое с собой. Вот, прямо так. Ты чувствуешь это?

C: Правда.

P: Да, вот так. Почувствуй, как твоя энергия расширяется.

C: О. Это так по-другому.

R: Невероятно. Да, вот так, это динамичная ты, это то, кем ты правда являешься. Всё правильно.

C: И эта чернота, и я думаю что я могу её контролирую. Я ...

P: Все правильно.

C: Я также знаю, что я имею отсутствия контроля в этом на данный момент.

P: Так где ты чувствуешь черноту?

C: Мне кажется, что я вступаю в эту темноту, а не темнота вступает в меня. Я не уверен.

P: Где ты её чувствуешь? Она вне тебя? Или в тебе? Закрой свои глаза, почувствуй черноту. Где ты её чувствуешь?

C: Я думаю, что в моей нижней части желудка, и я даю ей поглощать.

P: Хорошо. Так как ты думаешь, чтобы чувствовать? Ты испытываешь черноту в твоей голове? И это ощущение, что нет ничего, кроме черноты, связанного с деньгами. И каким-то образом это чернота как-то связана со злом, следовательно, получение его совершенно не позволительно. Вот, чувствуешь это изменение? Поверни её - да, вот так. Сделай её белой, вот так, почувствуй, как твоя корона открывается. Да, и теперь то, что ты называешь чернотой, может выйти. И то, что является реальностью тебя присутствует. Заметь разницу в своей энергии. Ты отпустила идею, эмоцию зла, как реальности, потому что это не реальность. Это просто интересная точка зрения. Хорошо? Какие-то еще эмоции?

С: Я думаю, что моя доминирующая эмоция по поводу денег – амбивалентность.

Р: Амбивалентность? Амбивалентность, да. Что такое амбивалентность? Где ты её чувствуешь?

С: Я чувствую ее в солнечном сплетении и в моих нижних чакрах.

Р: Амбивалентность - это отсутствие знания о том как все работает здесь. Ощущение того, что деньги принадлежат чему-то, что ты не понимаешь. Чувствуешь изменение/движение в нижних чакрах?

С: Да.

Р: Это результат соединения с фактом, что ты есть осознанность, ты есть деньги, и как осознанность, ты также сила, и все чакры связаны с энергией, которая ты являешься. И так, амбивалентность все еще для тебя существует?

С: Нет.

Р: Хорошо. Итак, ещё какие эмоции?

С: У меня есть одна. Я чувствую отвращение и стыд.

Р: Очень хорошие эмоции, отвращение и стыд. Где ты чувствуешь это?

С: Я думаю, что чувствую это ...

Р: Ты думаешь чувства?

С: Нет. В моем желудке и моих легких.

Р: В твоем желудке и твоих легких. Итак, для тебя, деньги – это способность дышать и есть. Стыд, разверни его, вынь его из своего желудка. Да, ты чувствуешь это, ты чувствуешь как теперь раскрывается энергия чакры в твоём желудке?

C: Да.

Р: Хорошо. А что за вторая эмоция?

C: Отвращение.

Р: Отвращение. В твоих легких. Отвращение, потому что это означает, что тебе нужно задохнуться, чтобы их достать. Тебе надо задушить себя, чтобы получить деньги, исходя из твоей точки зрения. Разве это реальность?

C: Да.

Р: Разве?

C: Нет, нет, нет.

Р: Все правильно.

C: Я вижу это как бытие ...

Р: То, как ты функционируешь?

C: Да.

Р: Хорошо. Так разверни это дыхание и выдыхай все это. Хорошо, теперь вдыхай деньги. Выдыхай стыд. И вдыхай деньги через каждую пору своего тела и выдыхай отвращение. Да, теперь как это ощущается, немного свободнее?

C: Да.

Р: Хорошо. Кто-нибудь ещё хочет поговорить об эмоции?

C: Страх.

Р: Страх... какие ещё эмоции?

C: Беспокойство и облегчение.

Р: Деньги дают тебе облегчение?

C: Да.

P: Когда?

C: Когда они ко мне приходят.

P: М-м, интересная точка зрения. Беспокойство и страх, давай сначала с ними разберемся, потому что они одно и то же. Где ты чувствуешь страх и беспокойство? В какой части твоего тела?

C: Мой желудок.

P: Желудок. Все правильно, вытолкни это из своего желудка на три фута перед собой. Как это для тебя выглядит?

C: Склизкое и зелёное.

P: Склизкое?

C: Да-а.

P: Да. Почему же оно склизкое и зелёное?

C: Потому что я не могу его контролировать.

P: Ах, интересная точка зрения, нет контроля. Ты не являешься "Я есть контроль," или являешься? Ты говоришь себе, - "Я не могу контролировать, Я не контролирую." Это основное предположение, из которого ты функционируешь. "Я не контролирую, я не контроль." Таким образом ты создаешь страх и беспокойство.

C: Да.

P: Хорошо, ты прекрасный и великолепный создатель, отлично сработано! Ты поздравила себя со своим творчеством?

C: С позором, да.

P: Ах, интересная точка зрения. Почему с позором?

C: Потому что я не знала, как лучше.

P: Да, но не важно, знала ли ты, что лучше. Важно то, что ты сейчас понимаешь, что ты создатель, и проделала прекрасную работу создания, что означает, что ты можешь выбрать новое, и ты можешь создать другой результат.

C: Требуется дисциплина.

P: Дисциплина? Нет.

C: С удачей.

P: Нет, с силой! Ты энергия, как сила, "Я есть сила, Я есть осознанность, Я есть творчество, Я есть контроль, Я есть деньги." Правильно? Вот как ты создаешь изменения, благодаря тому, что станешь "Я есть," которой являешься, вместо "Я есть," что ты была. Начни смотреть на то, где ты создала точку зрения твердости вокруг денег, и как это ощущается. Когда чувствуешь, что это повлияло на часть тела, вытолкни это из себя, и спроси себя, - "Какая тут основная точка зрения, из которой я функционирую, и которую я даже не вижу?" И позволь себе ответить. И затем, позволь ответу всего лишь стать интересной точкой зрения.

"Что я теперь могу выбрать?" Я выбираю "Я есть творчество, Я есть осознанность, Я есть контроль, Я есть сила, Я есть деньги." Также, поздравь себя с тем, что ты создала, и сделай это в величественном и славном порыве. Нет ничего неправильного в том, что ты создала, разве что только твои собственные суждения об этом. Если бы ты была нищей на улице, было б ли это лучшим творением или худшим творением, чем то, что у тебя есть на этот момент?

C: Худшим.

P: Интересная точка зрения.

C: Нет, если бы вы не знали.

P: Все верно, нет, если вы не знаете. Теперь ты знаешь, что у тебя есть выбор. Ты можешь создавать. Теперь, что произойдет, если твой сосед скажет, что не заплатит тебе на этой неделе, потому что "Я возьму все твои деньги, чтобы заплатить за забор, который ты сломала"?

С: Интересная точка зрения.

Р: Именно, это интересная точка зрения. Это все, чем это является. Если ты станешь сопротивляться и реагировать на это, ты сделаешь это основательным, и тогда твой сосед заберет деньги.

С: Таким образом, что вы говорите, что когда кто-то появляется с негативом ...

Р: С любой точкой зрения по поводу денег.

С: Отлично, тогда это интересная точка зрения.

Р: Да, Почувствуйте свою энергию, когда вы это делаете.

С: Окей, и тогда сразу отправляться в эти "Я есть"?

Р: Да.

С: Мне понятно. Всё прояснилось.

Р: И когда вы чувствуете влияние на своё тело, конкретной точки зрения, беспокойства или страха, о чём это?

С: О том, что надо вытащить это и оттолкнуть от себя.

Р: Да. И когда вы чувствуете беспокойство или страх в вашем желудке, означает ли это, что вас не покормили?

С: Нет.

Р: Ты говоришь об отсутсвие заботы? О чем ты говоришь? Тело - вот о чем ты говоришь. Вы ощущаете деньги как функцию своего тела, как будто это реальность третьего измерения. Являются ли деньги реальностью третьего измерения?

С: Нет.

P: Нет, это не так, но вы пытаетесь это сделать таким. Посмотрите на свои точки зрения о деньгах: это безопасность, это дом, это счета, это еда, это приют, это одежда. Это правда?

C: Ну, это то, на что ты покупаешься всё это.

P: Это то, на что вы покупаетесь с деньгами, но вы делаете это по выбору, не так ли?

C: Ох, необходимость.

P: Это то, что вы выбираете в эти десять секунд. Необходимость, да? Интересная точка зрения. Вы выбираете одежду, которую носите, по необходимости?

C: Да.

P: Правда?

C: Да, правда.

P: Вы не выбираете их, потому что они симпатичны или потому, что они помогают вам выглядеть хорошо?

C: Большую часть времени они для того, чтобы согревать меня.

P: А как насчёт лета, когда вы носите бикини?

C: Класс, тогда я выгляжу хорошо. (Смех).

P: Правильно, значит вы делаете выборы не из необходимости, а именно потому, что хотите почувствовать, да? Почувствовать?

C: Да-а, но тебе же нужно...

P: Но! Выбрось это слово.

C: Фу-у. (Смех). Тебе нужна обувь, и тебе все ещё нужно...

R: Зачем тебе обувь, ты можешь ходить босиком

C: Может я и могу, но...

P: Конечно ты можешь.

C: Они мне нужны, на улице же холодно.

P: Нужны, да?

C: Нижнее бельё и носки...

P: Нужны, да?

C: Тебе нужно, чтобы они были.

P: Кто это сказал? Откуда вы знаете, что не можете разговаривать с вашим телом, и просить его себя разогреть?

C: А как насчёт...

P: Вы, как сущность, вы даже не нуждаетесь в теле...

C: Ну, это было бы классно.

P: Это классно.

Класс: (Смех).

P: Да?

C: Ну, тебе же нужна еда, ты носишь обувь.

P: Мы ничего не носим. Гэри носит обувь, но это только потому что он зануда, и не будет ходить без неё по снегу.

Класс: (Смех).

P: Он думает, что это холодно.

C: Но это ведь так.

Р: Ну, это интересная точка зрения. Тебе стоит попробовать съездить в Сибирь, если хочешь ощутить холод.

С: А твои дети, когда они голодны?

Р: Сколько раз у вас голодали дети?

С: Пару раз.

Р: И как долго были голодными?

С: Всю ночь.

Р: И что ты сделала?

С: Взяла денег у моего отца.

Р: Ты их создала, разве нет?

С: Да.

Р: А ты поздравила себя со своими креативными способностями?

С: Ну, я поблагодарила своего отца.

Р: Ну, это один способ создавать. Создание, творчество - это являться осознанием себя. Будь «Я есть творение», будь «Я есть осознанность», будь «Я есть сила», будь «Я есть контроль», будь «Я есть деньги». Вы сопротивляетесь; «но», «нужно», «почему», «вы должны», «это необходимость», - это все точки зрения «я не могу иметь» и «я не заслуживаю». Это основные места, из которых вы функционируете. Это точки зрения, которые создают вашу жизнь. Разве это то, откуда вы хотите создавать?

С: Ну, я вижу, что в каждом аспекте присутствуют деньги.

Р: Да, но деньги, потому что вы их по-другому видите. Вы видите деньги как корень зла?

С: Да-а.

P: Чья это точка зрения? По правде же, это не ваше собственная точка зрения, это то, что вы купили. Дьявол заставил меня сделать это, правда? Понимаете, это реальность, которую вы создаёте как нечто другое, а не как часть ваших творческих способностей.

C: Поэтому если вы скажете себе все "Я есть...," то это добавит нам денег в карманы?

P: Они начнут появляться в вашем кармане. Каждый раз, когда вы сомневаетесь, вы избавляетесь от того, что вы создаете. Сколько раз вы говорили: «Я хочу денег»?

C: Каждый день.

P: Каждый день. Я хочу денег. Вы говорите, - "Мне не хватает денег." Что вы этим создали?

C: Но это правда.

P: Это правда? Нет, это только интересная точка зрения. Вы создали именно то, что сказали: мне нужны деньги. Теперь вы сделали это неосознанно, но вы создали это.

C: Ну, а что если я бы хотела выиграть в лотерею?

P: Если вам «не хватало» выигрыша в лотерею, то это именно то, что вы создали - отсутствие выигрыша в лотерею.

C: Сила восприятия - это то, о чём мы здесь говорим

P: Сила ваших слов, вашего осознания, создает реальность вашего мира. Вам нужно простое упражнение! Скажите: «Я не хочу денег».

C: Я могу вместо этого выбрать что-то другое?

P: Скажи, "Я не хочу денег."

C: Я не хочу денег.

P: Скажи, "Я не хочу денег."

C: Я не хочу денег.

P: Скажи, "Я не хочу денег."

C: Я не хочу денег.

P: Скажи, "Я не хочу денег."

C: Я не хочу денег. Это для меня звучит негативно.

P: Реально? "У меня нет нехватки денег" – это негативно?

C: Но мы же хотим денег.

P: Вы не хотите денег!

P: Все верно. Я не хочу денег. Почувствуйте эту энергию, почувствуйте, как вы себя чувствуете, когда говорите "Я не хочу денег." Хотеть означает отсутствие, а вы продолжаете пытаться придерживаться этого определения. Я есть деньги. Вы не можете быть «у меня есть деньги», у вас не может быть чего-то, чем вы не являетесь. Вы уже являетесь креативность в качестве «Я хочу денег», и поэтому вы создали изобилие недостатка, не так ли?

C: Да.

P: Хорошо, теперь вы можете сказать, "Я не хочу денег"?

C: Я не хочу денег (Повторите много раз.)

P: Сейчас, почувствуйте свою энергию, вы стали легче. Ну как, почувствовали?

C: Да, немного голова кружится.

P: У вас головокружение, потому что вы создали разрушение структуры реальности, как вы её создали. У вас все есть; скажите это себе, и почувствуйте, что вы становитесь легче и веселее в своей жизни, когда говорите "я не хочу денег."

C: Можно сказать "Я богат"?

P: Нет!! Что значит богатый?

C: Счастье.

P: Правда? Ты думаешь Дональд Трамп счастлив?

C: Нет, не денежно богатый.

C: Ох, типа деньги контролируют то, что на нужно.

P: Это интересная точка зрения, откуда ты ее взяла?

C: Потому что...

P: Где ты взяла эту точку зрения?

C: Мне пришла эта идея, потому что я подумала...

P: Видишь, всё дело в этом обдумывании, когда ты попадаешь в неприятности. (Смех). Это приятно ощущается?

C: Нет.

P: Нет, это не очень приятно, это не правда. Если вы говорите "Я богат," разве это приятно ощущается?

C: Это будет ощущаться приятно.

R: О, интересная точка зрения - было бы хорошо? Откуда ты знаешь, ты были богатой?

C: Ну, у меня были деньги, когда я...

P: Ты была богатой?

C: Нет.

P: Нет. Можешь ли ты быть богатой?

C: Да.

P: Правда? Как ты можете быть богатой, когда можешь сказать только «Если бы я была»? Видите ли, вы смотрите на будущее в ожидании этого, и чем это должно быть, а не то, что есть на самом деле.

C: Это как будто у вас есть босс, который собирается вам заплатить, и вы должны делать то, что он говорит, и вам приходится...

P: Есть ли у тебя босс, который тебе платит?

C: Не в данный момент, но...

P: Это неправда, у вас есть босс, который платит вам, и он не очень хорошо вам платит, потому что он не берет денег за то, что может делать. Это ты, дорогая! Ты твой босс. Создайте свой бизнес, создайте свою жизнь, и позвольте ей прийти к вам. Вы запираете себя в шкафу и говорите, "я не могу, я не могу, я не могу." Кто создает эту точку зрения? Что произойдет, если вы скажете: "Я могу и я понимаю," а не "Я не могу и я не понимаю,"? Что происходит с вашей энергией? Почувствуйте свою энергию.

C: Я просто заперта в точке зрения, что дети не могут поесть без денег.

P: Кто сказал, что у вас не будет денег? Ты это сделали, ты предположила, что у вас не будет денег, если ты не сделаешь то, что ненавидишь. Как часто ты смотришь на работу как на забаву?

C: Никогда.

P: Это точка зрения; это основная точка зрения. И все же, ты говоришь, моя работа – это работать с хрустальным шаром. Таким образом, ты никогда не увидишь, насколько весело ты проводишь время. Тебе нравится то, что ты делаешь?

C: Да.

P: Так как же, если ты делаешь то, что любишь, ты не можешь позволить себе получать?

С: Я пока недостаточно знаю. Мне нужно больше информации.

Р: Тебе не нужна дополнительная информация, у тебя есть в распоряжении десять тысяч жизней, в которых ты была читателем хрустального шара. Теперь, что ты должна сказать себе про обучения, кроме того, что это дерьмо?

Класс: (Смех).

Р: Попалась, попалась, теперь тебе негде спрятаться.

С: А что если я увижу в шаре что-то неточное? Я почувствую себя сволочью.

Р: Да. Откуда ты можешь знать, что это будет неточно?

С: Ну.......

Р: Ну?

С: Я не знаю.

Р: Вернутся ли они снова?

С: Я не знаю.

Р: А когда ты сделаешь чтение шара для следующего человека, и ты сделаешь все правильно, вернутся ли они снова?

С: Я бы сказала, что да.

Р: Итак, как же ты можешь говорить, что ты не знаешь? Кому ты врешь?

С: Что?

Р: Кому ты врешь?

С: Это, это.....

Р: Кому ты врешь? Кому ты врешь?

C: Я клянусь тебе, я не знаю, что я вижу.

P: Это неправда, это неправда. Почему у тебя есть клиенты, которые возвращаются к тебе, кто думает.....

C: Я поняла.

P: Да, ты поняла. Что заставляет тебя думать, что ты все время не права? Сколько у тебя клиентов, которые не вернулись к тебе?

C: Ни одного.

P: Боже, тяжелый случай, её не легко убедить, не так ли? Она определенно собирается убедить себя, что у нее нет денег, нет изобилия и никакого процветания в жизни. Интересный босс у тебя. Ты не только себе неважно платишь, но даже не признаёшь себя, и что у тебя достаточно бизнеса. Поскольку, чтобы знать, что у тебя все хорошо, ты создала клиентов, которые возвращаются снова и снова. Ты знаете, сколько клиентов ещё потребуется, чтобы дать тебе изобилие в твоей жизни?

C: Может еще тридцать в неделю.

P: Хорошо, можешь ли ты позволить себе ещё тридцать клиентов в неделю, чтобы пришло в твое пространство?

C: Да, без проблем.

P: Без проблем?

C: Без проблем.

P: Ты уверена?

C: Да, положительна.

P: Хорошо, так ты можешь позволить себе иметь сто тысяч долларов? А миллион долларов?

C: Да.

Р: Десять миллионов долларов?

С: Да.

Р: Хорошо, ты немного сейчас изменилась. Большое спасибо, мы все благодарны. Ты создатель; великий и славный создатель. Поздравляй себя каждым раз, когда ты заканчиваешь чтение, которое тебе нравится. И делай свою работу из любви - не работай, а веселись. Ты развлекаешься тем, что делаешь, у тебя нет работы. Работа чувствуется как дерьмо, веселье – это веселье, и вы можете делать так всегда. Вы создаете то, что есть, и никто другой. Вы можете перекачивать газ и веселиться, вы можете мыть окна и веселиться, вы можете чистить туалеты и веселиться. И вам за это платят, и у вас будет великое и прекрасное процветание. Но, только если вы весело проводите время. Если вы видите, что это работа, вы уже создали её как нечто, что вы ненавидите. Потому что в этом мире работа - это тяжесть, это труд и боль. Интересная точка зрения.

С: Что если ты не знаешь, чем ты хочешь заниматься?

Р: Но ты же знаешь.

С: Я теперь знаю, но меня к этому привело.

Р: И как тебя привело к работе в шаром? Ты позволила себе соединить интуицию и видение, и ты попросила космос дать тебе то, что будет

соответствовать твоему видению, и тому, что ты желала. Ты создала это, как видение, у тебя была сила твоей сущности, знание, как осознанность, уверенность в том, что это произойдет, и контроль, позволивший вселенной тебе это дать. Итак, у вас есть уже четыре элемента, чтобы быть "Я есть деньги." Понятно?

ГЛАВА IV

Как деньги ощущаются для вас?

Распутин: Хорошо. Итак, следующий вопрос, кто желает быть волонтёром для следующего вопроса?

Студент: Я готов.

Р: Да. Какой следующий вопрос?

С: Как деньги ощущаются для вас?

Р: Как они ощущаются? Да, совершенно верно.

С: Это что-то другое, нежели эмоции, которые ты чувствуешь по поводу денег?

Р: Ну, не обязательно.

С: Я сказала, "О, великолепно."

Р: Это то как для вас они ощущаются?

С: Прямо сейчас это ощущается очень запутанно.

Р: Похоже на запутанность. Ты чувствуешь, что деньги - эта запутанность и эмоция?

С: Эмоция и мысль.

Р: Это состояние ума, да.

С: Да.

Р: Итак, вспомните, когда мы говорили про то, что называли головокружением?

С: Да.

Р: Вы открыли свою коронную чакру и дали пойти потоку? Путаница - это созданное представление денег. Какое предположение у вас должно быть, чтобы иметь эту запутанность? Вы должны были создать предположение, что вы не знаете. Предположение будет "Я не знаю, мне надо знать."

С: Поэтому я чувствовала себя запутанно.

Р: Это правильно. Я не знаю, мне надо знать. Это противоположные точки зрения, которые создают путаницу, и это только интересные точки зрения. Почувствуйте сдвиг, когда вы говорите про каждое из них? Мне надо знать, я не знаю. Интересная точка зрения , "Я не знаю". Интересная точка зрения, "Мне надо знать". Интересная точка зрения, "Мне надо".

Как теперь ощущается запутанность?

С: Ну, за исключением того факта, что я………

Р: Конечно.

С: Для меня, прямо сейчас, это кажется очень нереальным в том смысле, что перспективы для меня – это деньги и энергия, сила и творчество, в своей чистоте, которые кажутся очень ясными, когда я не имею дело с деньгами, где мне не нужно их иметь.

Р: Какое предположение, из которого ты функционируешь?

С: Что есть какая-то непонятая реальность.

Р: Именно так.

С: Вот это настоящая проблема.

Р: Это не проблема! Это предположение, из которого ты функционируешь, что автоматически говорит тебе, что оно отличается от реальности тебя. Твое предположение состоит в том, что физическая реальность - это не то же самое, что духовная реальность, как реальность того, чем вы на самом деле являетесь.

C: Это верно.

P: Это предположения, это ложные данные, из которых вы создали свою реальность.

C: Ну, также смущает тот факт, что, похоже, существуют другие существа, у которые другие реальности и что, по-видимому, нет никакой путаницы для других людей. Сами люди, точки зрения других людей, людей на моей улице, люди в магазине.

P: И что, в таком случае, другие реальности? У других людей разные реальности? Да, есть некоторые ...

C: Из другой точки зрения, и это...

P: Здесь кто-нибудь есть, кто не имеет представления о том, что она сказала? У всех есть эта же точка зрения, что и у тебя.

C: Вы имеете ввиду, что они все в замешательстве?

P: Да. Они все считают, что вы не можешь воплотить, то, что является духовным миром в физическую реальность, и каждый человек на улице имеет точно такую же точку зрения. И только те, кто не покупается на эту точку зрения, которые не предполагают, что это абсолютно невозможно, способны создавать, и даже если могут, то создают свою реальность только ограниченным количеством способов.

Если вы фокусируете свою жизнь на зарабатывании денег, а ваша единственная цель в жизни – быть Дональдом Трампом, Биллом Гейтсом, - не имеет значения, тот же образ. Тот же человек, другое тело, но тот же человек. Их жизнь заключается в зарабатывание денег. Всё, что они делают – это деньги. Зачем им зарабатывать так много? Потому что, как и вы, они уверены, что на следующей неделе они у них закончатся.

C: Это для них не просто игра?

Р: Нет, это для них не просто игра. Они функционируют из точки зрения того, что их недостаточно, и им никогда не будет достаточно, независимо от того, что они делают. У них просто другой стандарт, вот и всё.

С: Вы говорите, что эти люди не чувствуют определенной свободы от своего состояния?

Р: Ты думаешь у Дональда Трампа есть свобода?

С: В какой-то мере да, я так думаю.

Р: В самом деле? Он может ездить на лимузине, и это даёт ему свободу, или же это означает, что он должен иметь телохранителей, чтобы защитить его от всех вокруг себя, кто пытается выудить из него деньги? Есть ли у него свобода, имея 27 человек, которые каждый день пытаются получить от него деньги?

С: Это даёт иллюзию свободы.

Р: Нет. Это дает вам иллюзию, что это свобода. Вы только думаете, что это свобода, потому что у вас её нет. Он не более свободен, чем вы. У него просто больше денег, чтобы тратить на то, что ему не нужно. Вы думаете, потому что у него больше денег, это делает его более сильным духом?

С: Нет, наверняка нет.

Р: Делает ли это его более слабым духом?

С: Нет.

Р: О, интересная точка зрения, которую у вас, ребята, есть. (Смех). Вы все об этом подумали, просто не хватило смелости сказать это, - "Это делает его хуже, потому что у него больше денег."

С: Да-а, вы правы.

Р: Да, это то, о чем ты думала, ты этого не сказала, но думала об этом.

С: Ну, некоторым людям это даёт контроль над всем вокруг.

Р: Правда? Да, он контролёр, он контролирует солнце, луну, звезды, у него тотальный контроль всего.

С: Но контролировать людей не означает……

Р: Ох, контроль над людьми, так вот какой твой стандарт величия.

С: Это не мой стандарт, нет, нет, нет. Это не мой стандарт. Мы говорим о Гейтсе, чем он владеет, и Трампе, чем он владеет, чтобы определить его контроль.

Р: Является ли он контролем, на самом деле?

С: Нет. Я …

Р: Или он контролируется его потребностью в деньгах? Его жизнь полностью поглощена необходимостью создавать всё больше и больше денег. Потому что это единственный способ, благодаря которому он чувствует себя соответствующе.

С: Но я также думаю, что он, энергия, которую он вкладывает в поглощение…

Р: Хорошо, теперь у вас есть ещё одно слово, чтобы включить в словарь слов для устранения.

С: Какое?

Р: "Но".

С: "Но"?

Р: "Но". Каждый раз, когда кто-то вам что-то говорит, вы получаете 'но' (от англ. but – но, butt – задница)(Смех).

С: Это справедливо для…

Р: Для многих из вас, для большинства из вас, справедливо то, что, когда вам предоставляется часть информации, вы мгновенно начинаете создавать противоположную точку зрения, потому что она не подходит вам или не согласуется с вами. Потому что она не подходит или не согласуется, из-за сопротивления с вашей стороны, это позволяет ей существовать. В конце концов, это только интересная точка зрения, что этот человек управляет деньгами.

С: Это то, что я хотела сказать, но я...

Р: Нет, у тебя другая точка зрения, и всего лишь.

С: Да, я этому учусь.

Р: Это не имеет значения. Каждый раз, когда вы создаёте соображение о деньгах, вы ставите для себя ограничение. Для себя! И каждый раз, когда вы говорите кому-то еще, какова ваша точка зрения, вы создаёте для них ограничение. Вы хотите создать свободу? Тогда будьте свободой. Свобода вообще не рассматривается!

Как бы выглядел мир, если бы вы проявили весь свет с легкостью, радостью и славой, не учитывая ограничений вообще? Если бы у вас были безграничные мысли и безграничные возможности и безграничное позволение, существовали бы граффити, существовали бы бездомные, существовала бы война, существовали бы ли разрушения, и метели?

С: Так разве не будет погоды?

Р: Если бы у вас не было никакого мнения о метели, была бы погода, не было бы снежных бурь. Слушайте свой телевизор, когда он приближается к тому времени, когда вам пойдет снег - да, они манифестируют, они говорят о том, насколько сильный был Ураган 96-го года, второй шторм 96-го года, и здесь тоже будет сильная метель, и тоже будет разрушение, и вам лучше побежать в магазин и купить всего побольше. Сколько из вас покупаются на эту точку зрения, и начинают создавать свою жизнь из неё?

С: Не покупаю. Я могу потратить вечер в парке.

Р: Вы покупаете точку зрения - это то, о чем мы говорим. Вы моментально решили, что это правда. Не слушайте телевизионные программы, избавьтесь от них. Или смотрите только те, которые полностью глупые. (Смеется). Смотрите «Скуби Ду» (Смеется). Смотрите мультики, больше из интересной точки зрения. Вы же слушаете новости, впадаете в депрессию и у вас возникает много идей по поводу того, что такое деньги. Хорошо, мы где? Давайте вернемся сюда. Путаница, вы понимаете на счет путаницы теперь?

C: Нет.

P: Хорошо. Что еще ты хочешь здесь понять? Ты создаешь путаницу.

C: Кто я? Я тело? Вы здесь? Есть ли еще кто-то здесь? Это реальность? И в чём разница? Что за хрень это существование? Являетесь ли вы или всё чистой энергией и не существует никакого разделения между духом и душой, и осознанностью, что это одно, а это другое, это третье, это четвертое? Ничего нельзя сказать ни о чем - все страдания, все горе и все иллюзии и всё разделение и вся неразбериха, ну вот что это? Что?

P: Созидание.

C: Правильно.

P: Вы создали....

C: На этом уровне мы создаем. Итак, на этом уровне мы создаем нечто, что люди, являющиеся творениями, которое также является созиданием, считает, что есть что-то, называемое деньгами и местом, которое является творением, что означает, что если мы на Уолл-стрит или мы создаем историю США в 1996 году в Нью-Йорке, то мы соглашаемся, что вы и эти другие люди сосуществуют вместе. Я этого не понимаю.

P: Почему ты не понимаешь?

C: Все остальные вы, а вы все остальные.

C: Это что-то......Я не понимаю это.

P: Вы создаете себя как что-то отдельное, вы создаете себя как что-то другое, вы создаете себя как что-то слабое, и вы создаете себя как гнев.

C: Я в замешательстве.

P: Да, но под этим сидит настоящий гнев.

C: О, да.

P: Поскольку вы чувствуете себя бессильными, это основное предположение, из которого вы функционируете. И это всегда является основным предположением в путанице. Каждая путаница основана на идее, что у вас нет власти, и у вас нет способностей.

C: Но у меня нет.

P: У тебя есть.

C: Я чувствую, что нет.

P: Посмотрите на свою жизнь, посмотрите на свою жизнь, что вы создали. Вы начали с великолепной суммы денег? Вы начали с дворца и потеряли всё это? Или вы создавали и создавали, а затем запутались в этом и стали сомневаться в этом и почувствовали себя бессильными в том, что знаете, и как контролировать это, а затем создание начало ускользать от вас, потому что вы создавали путаницу, и вы создали сомнения в себе? Да, это была твоя жизнь, но ничто из этого не является истиной тебя. Вы, как сущность, имеете полную силу для создания своей жизни, и вы можете, и вы это сделаете, и это объединится ещё более великолепными способами, чем вы даже можете себе представить. У вас будет вера, и это для всех вас. Верьте в себя, верьте в то, что вы создали реальность, существующую сейчас, и осознание того, что вы готовы её изменить. Что вы больше не желаете путаницы. Это все, что нужно, готовность позволить ей быть другим.

C: Так что, если жизнь изменится, значит ли это, что это спутанная осознанность, которая создает больше боснийских и бездомных людей? Куда идет это осознанность, где творят тёмные сущности, которых я мог создать, или какая-то другая часть меня, которая была так отделена от взглядов, которые находятся в телевизоре, который я смотрел ... или бездомного...

Куда это приведет, если я скажу: «Ну, это не в моей реальности, я не верю в это, я больше этого не выбираю».

Р: Это не вопрос. Вы видите, что делаете это из сопротивления.

С: Правильно.

Р: Правильно? Для того, чтобы изменения произошли, вы должны действовать из позволения, а не из сопротивления, реакции, подстраивания или соглашения. Позволение – это...

С: Я готов позволить это, я просто хочу понять, где...

Р: Ты функционируешь из сопротивления, потому что, ты пытаешься понять то, чего на самом деле не существует. То, что другие люди, по своей собственной воле и выбору создают из того, что не существует, продолжения принятия, подстраивания или согласия, реакции или сопротивления.

Это функциональные элементы вашего мира; вы, чтобы изменить его, должны функционировать из позволения. И каждый раз, когда вы в позволении, вы меняете всё вокруг вас. Каждый раз, когда кто-то приходит к вам с твёрдой точкой зрения, и вы можете сказать: «А, интересная точка зрения», и быть в позволении этого, учитывая это, вы сдвинули осознанность мира, потому что вы не купили это, вы не сделали это более твёрдым, вы не согласились с этим, вы не сопротивлялись этому, вы не отреагировали на это, вы не сделали это реальностью. Вы позволили реальности сдвинуться и измениться. Только позволение создаёт изменения. Вы должны позволить себе столько, сколько вы позволяете другим, иначе вы купили магазин, и вы платите за него своими кредитными карточками.

С: И это же полный пацифизм для мира?

Р: Конечно нет. Давайте сделаем вот что, все вы подумаете об этом на минуту. Но С., вы будете тестом, хорошо? Отлично. У вас осталось десять секунд, чтобы прожить всю оставшуюся жизнь, что вы выберете? Ваша жизнь закончилась, вы не сделали выбор. У вас есть десять секунд, чтобы прожить всю оставшуюся жизнь, что вы выбираете?

C: Я выбираю не выбирать.

P: Ты выбираешь не выбирать, но ты видишь, что ты можешь выбрать всё. Если ты начнешь осознавать, что у тебя есть 10 секунд для созидания, 10 секунд – это всё, что требуется, чтобы создать реальность. 10 секунд, меньше, чем кажется, но сейчас – это промежуток, из которого вы должны функционировать. Если у вас 10 секунд, выберете ли вы радость или грусть?

C: Мне пришлось бы грустить.

P: Именно так. Видите, вы создали свою реальность из выбора печали. И когда вы выбираете из прошлого или выбираете из ожиданий будущего, вы не делаете никакого выбора вообще, вы не жили и не живёте своей жизнью, вы существуете как монументальное монолитное ограничение. Интересная точка зрения, эй?

C: Да.

P: Хорошо, какой ваш следующий ответ? Номер 2 в вашем списке того, что вы... А какой вопрос, мы забыли.

C: Как деньги ощущаются для вас?

P: Как деньги ощущаются для вас, да, спасибо.

C: Для меня, я предполагаю, здесь это как борьба в тюрьме...

P: Ах, да. Очень интересная точка зрения, не правда ли? Деньги ощущаются как борьба в тюрьме. Ну, это конечно описывает всех в этой комнате. Если ли здесь кто-то, кто не видит это как реальность, которую они создали?

C: Борьба в тюрьме?

P: Да.

C: Я не вижу.

Р: Ты не видишь это?

C: Есть немного. Я не понимаю, что это значит, на самом деле.

Р: Разве ты постоянно не сражаешься, чтобы добыть денег?

C: О, конечно.

Р: И разве ты не чувствуешь, что это тюрьма, которую ты создаешь тем, что тебе не достаточно?

C: Я сдаюсь (Смеется).

Р: Отлично.

C: Мы все должны походить друг на друга.

Р: Вы все живете в одинаковой реальности. Итак, нам нужно ещё как-то прокомментировать это?

C: Да. Как на счет С. С его системой бартера?

Р: Ну а разве это не его маленькая тюрьма?

C: Я точно не знаю, что ты чувствуешь по этому поводу, С.?

C: Да, это так.

Р: Да, это так. Вы видите, у каждого своя точка зрения. Вы смотрите на С. И видите его реальность как свободу, а он смотрит на Дональда Трампа как на свободу. (Смеется).

C: Ок, может ли мы поговорить об этом? Ну, как это происходит?

Р: Позволение. Интересная точка зрения, эй? Что я ощущаю себя в ловушке денег, это ощущается как тюрьма для меня. Ощущается ли это, как бархат для тебя? Ощущается ли это, как расширение для тебя? Нет. Это ощущается как уменьшение. Это реальность или это то, что вы выбрали и, как ты создал свою жизнь? Это то, как ты выбрал создавать свою жизнь. Это не больше реальность, чем стены. Но вы решили, что они твёрдые и не пускают холод. И таким образом, они работают. Также вы делаете свои ограничения по поводу денег такой же твёрдостью. Начните функционировать из позволения, которое является вашим билетом для того, чтобы выбраться из ловушки, которую вы создали. Хорошо? Следующий вопрос.

ГЛАВА V

На что деньги похожи для вас?

Распутин: Хорошо, следующий вопрос, на что деньги похожи для вас?

С: Зелёные, золото и серебро.

Р: Да, у них есть цвет, соответствие, твердость. Это правда о них?

С: Нет.

Р: Нет, деньги – это просто энергия, это всё, чем они являются. Форма, которую они принимают в физической вселенной – вы делаете её значимой и основательной, и создаёте твёрдость в своём собственном мире, что создает невозможность их иметь. Если это только золото и серебро, которое вы видите, тогда вам лучше иметь побольше цепочек на шее. Если они зелёные, значит ли это что, когда вы носите зелёную одежду, у вас больше денег?

С: Нет.

Р: Нет. Поэтому вы должны видеть деньги не как форму, а как осознанность энергии, потому что это и есть та лёгкость, из которой вы можете создавать тотальность их в изобилии.

С: Как ты видишь энергию?

Р: Просто как ты чувствуешь её, когда ты тянешь её через каждую клеточку своего тела? Это то, как ты видишь энергию. Ты видишь энергию с ощущением осознанности. Так ведь?

С: Да.

Р: Следующий вопрос.

ГЛАВА ШЕСТЬ

Какие деньги для вас на вкус?

Распутин: Сейчас, следующий вопрос. Какой следующий вопрос?

Студент: Какие они на вкус?

Р: Хорошо. Кто желает ответить на этот? Это будет весело.

С: Деньги на вкус как богатый чёрный шоколад.

Р: Хм-м, интересная точка зрения, да? (Смех)

С: Бумага, чернила и грязь.

Р: Бумага, чернила и грязь, интересная точка зрения.

С: Грязная повязка на глаза.

С: Мои вкусовые рецепторы на языке начинают выделять слюну.

Р: Да.

С: Сладко и водянисто.

С: Скользкая грязь и персиковые деревья.

Р: Хорошо. Отлично. Итак, они для вас всех имеют очень интересные вкусы, да? Заметьте, что деньги имеют более интересные вкусы, чем чувства. Деньги имеют больше вариаций по вкусу. Как же так получается? Потому что вы создали их, как телесную функцию. Для С, деньги связаны с едой, с поеданием шоколада, да? Да, видите, что у всех есть точка зрения, что деньги на вкус на что-то похожи. Они склизкие... а вот интересно, скользят ли они по языку с легкостью? Проходят ли внутрь с легкостью?

С: Нет.

Р: Интересная точка зрения. Почему же не проваливается внутрь с лег-кость?

С: Застревает.

Р: Интересная точка зрения: твердое, ворсистое, хрустящее. У тебя дей-ствительно интересная точка зрения по поводу денег.

С: Но это одна и та же точка зрения.

Р: Одна и та же, потому что касается тела.

С: Несмотря на то, что кажется разной, она...

Р: Даже кажется, что кажется разной.

С: ....она сказала шоколад, я сказала кислое, но это одно и то же.

Р: Это одно и то же, это о теле; это связано с вашим телом.

С: Вкус связан.

Р: Правда?

С: Да.

Р: Ты не можешь чувствовать вкус вне тела?

С: Не на английском бутерброде.

Р: Но деньги, по сути, заключаются в том, что деньги - это функция, ко-торую вы видите как телесную функцию. Вы видите это как реальность третьего измерения, а не как реальность созидания. Вы видите это как нечто, такое же твёрдое и реальное и существенное, как нечто, имеющее вкус, форму и структуру. И, следовательно, это имеет особое отношение, которое с этим связано. Но, если это энергия, это легкость и простота. Если это тело, то оно тяжёлое и значительное – это то, как вы его создали, не так ли?

С: Да.

Р: Разве это не то, откуда появляются ваши точки зрения?

С: Таким образом, когда вы спросили про вкус, то мы вернулись к предположениям опять.

Р: Предположения. Вы сразу поняли, что это было тело, так как именно там вы живете, именно так вы функционируете. Знаете, скользкий, грязный – это всё зародыш.

С: Иногда это тепло и прохладно.

Р: Тепло и прохладно? Разве это так?

С: Там есть ещё кое-что – это фактор доверия, который ты держишь, как золотой стандарт...

Р: Это точка зрения, соображение, на которую вы купились. Разве это реальность? Больше нет!! (Смех) Есть ли что-то позади денег? Возьмите долларовую купюру, что вы видите за ней?

С: Воздух.

Р: Ничего, воздух! Много воздуха, вот и все, что за этой купюрой. (Смех)

И когда вы слушаете людей, говорящих о деньгах, создают ли они их как горячий воздух, говорят ли они об этом, как о горячем воздухе? Да, но как они их создают? Очень важно, тяжело и беспорядочно, не так ли? Висит на тебе, как тонна кирпичей. Это реальность? Это то, что ты хочешь создавать для себя? Хорошо. Итак, начни смотреть на это, почувствуйте это. Почувствуй, каждый раз, когда ты слышишь соображения о деньгах. Это ваша домашняя работа вместе со всем остальным.

Каждый раз, когда вы ощущаете энергию каких-то размышлений, идей, убеждений, решений или отношения к деньгам, чувствуйте, где они бьют вас по вашему телу. Почувствуйте их вес и преобразите в свет. Превратите это в свет, это всего лишь интересная точка зрения. Это только интересная точка зрения; это все, чем оно является, это не реальность. Но очень быстро вы начнёте видеть, как ваша жизнь создается, деньги текут в ней по твоей воле, от участия в покупке точек зрения других. Где вы находитесь в этой конфигурации? Вы ушли, вы уменьшили себя, вы позволили себе исчезнуть, и вы стали лакеем, рабом, тем, что вы называете деньгами. Деньги - не более правда, чем воздух, которой вы дышите. Это правда. Они не важнее, чем вдох. И они не более важные, чем цветы. Цветы приносят вам радость. Правильно? Вы смотрите на цветы, это приносит вам радость. Когда вы смотрите на деньги, каким вы становитесь? Подавленными, там не так много, как я бы хотел. Вы никогда не благодарите за свои деньги, не так ли?

C: Нет.

P: Вы получается сотню долларов и говорите, - "Ох, это сможет покрыть счета, черт возьми, вот бы у меня было больше." (Смех). Вместо того, чтобы сказать, - "Вау, разве я не создал что-то хорошее, не правда ли?" Ты не празднуешь то, что ты создаёшь, ты идёшь в "Упс, снова недостаточно заработал". О чем это говорит? Как это проявляется в вашей жизни? Если вы посмотрите на счёт так же как, если бы вы нашли долларовую купюру на земле, вы бы подобрали её, и вы бы положил её в карман и подумали бы, - "О, вот как мне повезло сегодня". Вы думаете, - «Боже, я проделал такую большую работу по манифестации и сделал отличную работу по созданию для меня денежных потоков"? Нет, потому что это было не десять тысяч долларов, что вам кажется необходимым. Опять слово нужда.

C: Какие деньги на вкус?

P: Так какие они на вкус?

C: Грязные.

P: Грязные? Не удивительно, что у тебя нет денег. (Смех).

C: Сладкие.

P: Сладкие. У тебя больше денег.

C: Хорошо.

P: Хорошо, приятно на вкус, ты тоже получаешь немного денег в свой чулок.

С: Как вода.

P: Как вода, попадает достаточно быстро, как вода, а? (Смех). Прямо через мочевой пузырь. Какие еще точки зрения? Больше ни у кого нет других точек зрения по поводу денег?

С: Противные.

P: Противные. Когда ты последний раз пробовала деньги на вкус?

С: В детстве.

P: Правильно, потому что вам сказали, когда вы были детьми, что они грязные, - "не кладите их себе в рот". Потому что вы купили точку зрения, что деньги были противные. Вы купили точку зрения, что это было нехорошо, и что это была не энергия, а то, что надо избегать. Потому что это было грязно, потому что это не обеспечило вас чем-то добрым. И ты купилась на это в очень молодом возрасте, и ты сохранила эту точку зрения навсегда. Можете ли вы выбрать сейчас другую?

С: Да.

P: Хорошо. Позвольте себе иметь реальность, что это только интересная точка зрения. Какими бы ни были деньги, они не твердость, они - энергия, и вы тоже энергия. Правильно? Вы создали свой мир вокруг точек зрения о деньгах, которые у вас есть? Это грязно, это мерзко, и у вас есть ограниченное их количество, потому что вы не хотите быть грязным человеком? Иногда веселее быть грязным, и это было в моей жизни. (Смех).

ГЛАВА VII

Когда вы видите, что деньги приходят к вам, из каких направлений они идут?

P: Хорошо. Следующий вопрос. Какой следующий вопрос?

C: Когда вы видите, что деньги приходят к вам, из каких направлений они идут?

P: Хорошо. Когда вы видите, что деньги приходят к вам, из каких направлений они идут?

C: Спереди.

P: Спереди. Это всегда в будущем, да? Ты планируешь их иметь когда-нибудь, ты будешь очень богатым. Мы все это знаем.

C: Но иногда я вижу, что они приходят из ниоткуда.

P: Из ниоткуда – это уже лучше, но ниоткуда – это где? Отовсюду – вот откуда лучше, чтобы они приходили.

C: Как насчет везде, но сверху?

P: Ну, почему ты ограничиваешь это?

C: Я знаю, я никогда не думал об этом.

P: Никогда не думал, что это нормально для дождя, чтобы он пошел из ...

C: Нет, дождь я видел, но не думал, что он может пойти из земли. Ваше собственное денежное дерево.

P: Да, позвольте деньгам произрастать везде для вас. Деньги могут прийти откуда угодно, деньги всегда есть. Теперь почувствуйте энергию в этой комнате. Вы начинаете создавать как деньги. Вы чувствуете разницу в ваших энергиях?

Класс: Да.

P: Да, откуда ты видишь это идет?

C: От моего мужа.

Класс: (Смех).

P: Муж, другие, откуда еще?

C: Карьера.

P: Карьера, тяжелая работа. Какие точки зрения вы приняли здесь? Если вы это ищете от других людей? Где этот человек находится? Напротив вас, рядом с вами, позади вас?

C: Позади меня.

P: Если это ваш бывший муж.

C: Это так.

P: Да, то есть вы обращаетесь к прошлому - к нему, чтобы получить вашу жизнь. Это то, откуда вы создаете?

C: Нет, но я думаю...

P: Да, хорошо. Вы врете. Так, прежде всего, возьмите все места в этой комнате и потяните энергию из этой комнаты, также впереди себя, также через каждую пору своего тела, протяните её через каждую клеточку вашего тела. Хорошо, и теперь, протяните её сзади через каждую пору вашего тела. Хорошо. А теперь, тяните с обеих сторон через каждую клеточку своего тела. И теперь снизу и через каждую пору своего тела. И теперь тяните сверху и через каждую клеточку своего тела. И теперь энергия идет отовсюду и деньги – это просто другая форма энергии и разверните это в деньги сейчас, которые проходят сейчас через каждую пору вашего тела изо всех направлений.

Заметьте, как большинство из вас сделали это твёрдым. Сделайте это лёгким, сделайте это снова энергией, которую вы получаете. А теперь сделайте это деньгами. Хорошо, уже лучше, это то, как вы становитесь деньгами, вы запускаете их через каждую клеточку своего тела. Не смотрите, что это приходит от других людей, из другого пространства, от работы, просто позвольте им течь. А теперь остановите поток из каждой части своего тела. А теперь мы хотим, чтобы вы запустили поток спереди из себя, настолько большой, на сколько вы можете. Запускайте наружу, наружу, наружу. Ваша энергия уменьшается? Нет, не уменьшается. Почувствуйте сзади себя энергия входит, как только вы выпускаете её впереди.

Нет никакого ограничения для энергии, она течёт постоянно, как и деньги. Теперь, тяните энергию в каждую пору своего тела, отовсюду. Хорошо, прямо там. А теперь, обратите внимание, что так как вы тянете отовсюду, нет никакой стагнации. Теперь разверните это в деньги и посмотрите, как деньги летают вокруг, везде - вокруг вас. Да, они входят и выходят, и вокруг и сквозь. Они продолжают двигаться, это энергия, как и вы. Они есть вы, вы это они. Да, вот так.

Хорошо, теперь остановите поток. Теперь, запустите поток денег, сотни долларов для кого-то другого в этой комнате, напротив вас. Запустите его снаружи, большие потоки денег, увидьте их, запустите поток снаружи, снаружи, снаружи, пускайте его снаружи. Заметьте, что вы всё ещё протягиваете энергию сзади и на сколько вы позволяете, столько энергии пройдет сзади , столько же вы выпустите снаружи спереди и всё это делаете с деньгами. Это даёт вам идею? Когда вы думаете, что у вас не достаточно денег, чтобы оплатить счета и это тяжело запустить денежный поток, это потому что вы закрыли свой зад и вы не готовы получать. Деньги входят и выходят как поток, когда вы блокируете их с помощью точек зрения, что завтра будет недостаточно, вы создаёте себе инвалидность. И у вас нет никакой инвалидности, но вы её для себя персонально создаёте. Хорошо, всем ясно? Следующий вопрос.

ГЛАВА VIII

В отношении денег, вы чувствуете, что у вас есть больше, чем вам нужно или меньше?

Распутин: Хорошо. Следующий вопрос.

Студент: В отношении денег, вы чувствуете, что у вас есть больше, чем вам нужно или меньше?

Р: Да. В отношении денег, вы чувствуете, что у вас есть больше, чем вам нужно или меньше?

С: Меньше.

С: Я сказал бы что, меньше.

С: Все так сказали.

Р: Да, это установка. Нет никого среди вас, кто бы думал, что ему достаточно. И так как вы всегда видите деньги, как нужду, что вы всегда будете создавать? Нужду и не достаточно.

С: А как на счёт того, чтобы оплатить счета завтра?

Р: Да, вы видите, вы всегда заботитесь о том, как оплатить счета завтра, именно так, спасибо вам большое. Это всегда о том, как оплатить эту штуку завтра. Сегодня у тебя есть достаточно? Да?!

С: Ну я в порядке?

Р: "Я в порядке," кто это говорит? Интересная точка зрения у тебя там есть, Я в порядке. Я прекрасно, я великолепно и тогда вы создаете больше.

С моими деньгами все очень хорошо, я люблю это множество денег, я могу иметь столько много, сколько захочу. Позвольте им войти. Будьте благодарны за то, что имеете сегодня, не беспокойтесь на счет завтра, завтра новый день, вы манифестируете новые вещи. Возможности приходят к вам, не так ли? Теперь мантра: «*Все в жизни приходит ко мне в легкости, радости и великолепии.*» (Класс повторяет мантру несколько раз). Хорошо, сейчас почувствуйте эту энергию, это не то же самое, что «Я сила, я осознанность, я контроль, я созидание, я деньги»?

С: И любовь?

Р: И любовь. Но вы всегда являетесь любовью. Вы всегда были любовью и вы всегда будете любовью, это дано.

С: Почему так?

Р: Почему это дано? Как ты думаешь, ты создал себя? Из любви. Ты пришел сюда с любовью. Единственный человек, которому ты не даешь любовь с легкостью – это ты сам. Будь любящим к себе и тогда ты деньги, ты радость и ты легкость.

ГЛАВА IX

В отношении денег, когда вы закрываете глаза, какого они цвета и сколько измерений у них есть?

Распутин: В отношении денег, когда вы закрываете глаза, какого они цвета? И сколько измерений у них есть? Кто-нибудь.....

Студент: Три измерения.

Р: Голубого и три измерения.

С: Несколько измерений?

С: Зелёные и два.

С: Зелёные и три.

Р: Интересно, что для большинства из вас есть только два измерения. У нескольких из вас несколько измерений. У некоторых из вас три

С: У меня было широкое открытое пространство.

Р: Широкое открытое пространство – это немного лучше. Широкое открытое пространство – это то, где деньги должны быть, почувствуй энергию этого. Деньги могут прийти отовсюду, разве нет? И они везде. Когда вы видите деньги как широкое открытое пространство, там нет нехватки, правда же? Нет уменьшения в этом, нет формы, нет структуры, нет значимости.

С: И нет цвета?

P: И нет цвета. Потому что вы ищите в Соединенных Штатах доллары, как на счёт золота? Они зелёные и имеют три стороны? Нет. А как на счёт серебра? Ну, это сорт монхромности иногда, но даже этого не достаточно. И есть ли жидкие? У вас есть жидкие цвета?

C: Нет.

P: Как на счет мужчины в магазине? В каком ключе ты бы с ним хотел поговорить? Ты бы пошел в магазин покупать? Какое заключение...

C: Это дорого.

P: Да, это широкое открытое пространство, но ты, мы говорим о позволении себе иметь такое большое количество денег, о котором ты даже никогда и не думал. Никогда не думай о деньгах. Когда ты идёшь в магазин, ты смотришь на цены каждого товара, который ты покупаешь и складываешь их все, чтобы посмотреть, если у тебя есть достаточно денег?

C: Иногда мне страшно открыть выписку со счёта моей кредитки.

P: Именно. Не открывай эти выписки, если не хочешь знать, сколько денег ты должен. (Смеется) Потому что ты уже знаешь, что у тебя не достаточно денег, чтобы заплатить. Ты автоматически это предположил.

C: Я просто не хочу смотреть на это.

P: Не хочешь?

C: Смотреть на это.

P: Запиши это, запиши.

C: Хочу, хочу, хочу.

P: Хочу, хочу. Запиши это, разорви. Никаких больше хочу, никаких нужно – запрещено. Ок?

ГЛАВА X

В отношении денег, что легче – входящий поток или исходящий поток?

Распутин: Хорошо. Следующий вопрос.

Студент: В отношении денег, что легче – входящий поток или исходящий поток?

Р: Есть ли здесь кто-то, кто сказал, что входящий поток легче?

С: Если они так сказали, то они соврали. (Смеется) Я знаю, что я нет.

Р: Хорошо, учитывая то факт, что вы не смотрите на свои долги на кредитной карте, это определенно было не правдой.

С: Я не уверен в этом.

Р: Я не уверен, интересная точка зрения, не правда ли? Хорошо. Итак, для всех вас, идея, что деньги утекают – наиболее значимая точка зрения, за которую вы держитесь. Это так просто – тратить деньги. Это так тяжело работать: я должен тяжело работать, чтобы сделать денег. Интересная точка зрения, не правда ли? Теперь, кто создает эти точки зрения? Вы!!

Итак, почувствуйте деньги, почувствуйте энергию, которая входит в твоё тело. Хорошо, она заходит отовсюду, почувствуйте это. Хорошо, теперь запустите обратный поток спереди от себя, почувствуйте, как он заходит сзади и позвольте ему быть равнозначным. Теперь, почувствуйте сотни долларов, которые выходят из вас вперед и сотни долларов, которые входят сзади. Хорошо. Теперь, почувствуйте тысячи долларов, которые выходят из вас вперед и тысячи долларов, которые входят сзади. Заметьте как большинство из вас получили небольшую твёрдость здесь. Полегче, это просто деньги, это не важно и вы не должны сейчас их доставать из кошелька. Теперь, позвольте миллионам долларов выходить потоком энергии из вас спереди и заходить такому же потоку миллионов долларов сзади. Заметьте, что с миллионами долларов легче, чем с тысячами. Потому что вы создали важность по поводу количества денег, которое у вас есть, и когда получили миллионы, важности больше не осталось.

С: Почему?

Р: Потому что вы не думаете, что у вас будет миллион, и это не имеет значения. (Смеется).

С: Ну, для меня было труднее позволить деньгам входить потоком энергии сзади, может потому что я думаю, что у меня будут миллионы?

Р: Возможно, но ты определенно больше готов позволить быть исходящему потоку, чем входящему. Это другая интересная точка зрения, да? Теперь входящий и исходящий потоки сравнялись? Да, вроде бы. Но нет никаких ограничений энергии и никаких денежных ограничений, кроме тех, что вы сами создаете. Вы управляете своей жизнью, вы создаёте это и делаете это с помощью выбора и неосознанных мыслей, ваших предполагаемых точек зрения, которые противоречат вам. И вы делаете это тогда, когда думаете, что вы не являетесь силой, что у вас нет силы и то вы не можете быть энергией, которой вы являетесь.

ГЛАВА XI

Какие у вас три самые худшие проблемы с деньгами??

Распутин: Хорошо. Следующий вопрос.

Студент: Какие у вас три самые худшие проблемы с деньгами??

Р: Кто хочет поделится ответами?

С: Я.

Р: Хорошо.

С: Я очень боюсь отсутствия денег.

Р: А конечно, мы уже говорили о страхе?

С: Я хочу купить многое.

Р: Интересная точки зрения, покупать вещи. Что ты получаешь от покупки вещей? (Смех). Вы заполняете свою жизнь большим количеством предметов. Как легко вы себя ощущаете?

С: Бремя и позже я нахожу себя отдавая эти вещи соседям....

Р: Да. И так, в чем же ценность покупок?

С: В моей крови.

Р: Почему же это одна из твоих беспокойств?

С: Потому что это меня задевает.

Р: Тебя беспокоим что ты покупаешь?

С: Да

Р: Хорошо. А так как же тебе преодолеть желание покупать? Будучи силой, осознанием, контролем, и творчеством. У тебя есть необходимость покупать потому что ты предполагаешь что у тебя нет достаточно энергии. Притяни энергию в себя. Если ты хочешь преодолеть привычку покупать, дай деньги бездомному на улице или отправь благотворительности, или дай друзьям. Где-то ты решил, что у тебя слишком много денег приходит. Тебе нужно убедиться, что ты уравновешиваете поток с твоей точки зрения. Теперь видишь что здесь происходит?

С: Да. У меня на самом деле слишком большой приток.

Р: Да. Может ли быть слишком большой приток по отношению к оттоку? Нет, это созданная реальность. Если вы создаёте как энергия, если создаёте как осознанность, и создаёте как энергия и как контроль у вас будет радость в жизни, то что вы и пытаетесь достичь в первую очередь. Легкость и радость и великолепие - вот что вы желаете. Это то что вы ищите. И это то что вы достигните если будете следовать указаниям мы дали вам этим вечером. Ну что, мы покрыли все вопросы?

С: Если у меня есть деньги, я ощущаю, что у кого-то нет и что мне нужно им дать, после чего у меня меньше денег и я начинаю беспокоится о деньгах.

Р: Что если ты им дашь энергию?

С: Дать им энергию вместо денег?

Р: Да. Это то же самое.

С: Если бездомный просит в метро, то просто ... (Смех)

Р: Ну ты только что .....

С: Они просят доллар и ты просто ...

Р: Ты вдыхал энергию здесь сегодня?

С: Да.

Р: Ты наелся энергией сегодня? Какова цель еды? Получить энергию. Какова цель денег? Получить энергию. Какова цель дыхания? Получить энергию. Разницы нет!

С: Кажется другим.

Р: Только потому что вы решили и создали их разными. Предположение заключается в том, что есть разница.

С: Правильно.

Р: И когда вы так предполагаете, вы начали создавать из позиции, которая создает отсутсвие денег и недостаток энергии.

С: Но, мне кажется, что я предполагаю, что я человек, который ...

Р: Ну вот это плохое предположение.

С: Ну я же живу в человеческом обществе с таким созданиями как хлеб, вода, время, и государство...

Р: То есть ты создаёшь себя как тело.

С: Я создаю себя как С. в 1996 году в Нью-Йорке - да.

Р: Вы создаёте себя как тело. Это то где ты хочешь быть? Ты счастлив?

С: Ну...

Р: Нет!

С: Когда я был вне своего тела, были другие места, которые кажутся намного худшими, так что здесь, мне так кажется, хорошая остановка, чтобы посмотреть, как я могу решить эту проблему.

Р: Хорошо. Но ты теперь создаешь реальности где бы ты был со своей точкой зрения.

С: Мне так не кажется. Мне кажется что другие со мной и для меня создают и на мне создают. Я не знаю, если я так могу сказать. Мне так не кажется.

Р: Ты не контролируешь, что мы говорим?

С: Что ты говоришь. Я имею ввиду, что я и ты соединены каким-то образом...

Р: Да.

С: ....и все, но.........и........ парадокс заключается в том, что ты есть ты и мне интересно как это так...ты же духовное существо.

Р: Ты тоже.

С: И ты, и ты, и мы все делим реальность вместе, мы все в Нью-Йорке в 1996 году, не правда ли? Но мы с вами каким-то образом здесь, и я не думаю, что я это вы.

Р: Правильно. Мы об этом и говорим здесь. Каждый раз ты думаешь ...

С: У меня есть проблема.

Р: У тебя есть проблема.

С: Ты понимаешь. (Смех)

Р: Так что выброси это, твой разум, он тебе не нужен.

С: И спрыгни с крыши. (Смех)

Р: И спрыгни с крыши и пари, как сущность, которой ты являешься. Ты, когда выбрасываешь свой разум и прекращаешь процесс обдумывания, каждая мысль имеет электрический компонент, что создаёт реальность. Каждый раз ты думаешь "Я есть это", "Я являюсь телом" - это то чем ты становишься. Ты не С., ты видение С. в этот момент. У тебя были миллионы разных жизней и личностей. И ты все ещё являешься ими тоже. Твоя осознанность, большая часть её исходит от твоей точки зрения в этот момент. И это тоже не реальность. Когда ты отключаешься от мысли, что твоя реальность создана в этот момент с твоей осознанностью и ты начинаешь видеть, где у тебя есть другие точки зрения, другие убеждения, решения и идеи, ты начинаешь соединяться с другими измерениями, которые могут дать лучшую реальность. И это то, где ты самом деле желаешь быть.

Мышление мешает жить, потому что оно не является процессом творения. Мышление, на самом деле, является нашей ловушкой. Следующий вопрос.

ГЛАВА XII

Чего у вас больше – денег или долгов?

Распутин: Следующий вопрос.

Студент: Чего у вас больше – денег или долгов?

Р: Чего у вас больше?

С: Долгов.

С: Долгов.

Р: Долгов, долгов, долгов, долгов. Интересно, у всех долги, почему так? Почему у вас долги? Почувствуйте слово долг.

С: О, оно тяжелое.

С: Да.

Р: Это чувствуется, как тонна кирпичей. Мы дадим вам небольшой совет, как облегчить это чувство. Так как это ощущение сидит в вас с такой тяжестью, вы покупаете эту точку зрения, и покупаете, что это самая важная вещь о вас, разве не так? Тяжело, важно, твёрдо – и вы ещё добавляете к этому всему идею, что быть в долгах совершенно нормально. И вы купили идею, что вы должны быть в долгах, что вы не можете иметь достаточно денег в любом случае. Это правда?

С: Ох, хаха.

Р: Интересная точка зрения. Не правда ли?

С: Да, это то, как я привык думать.

P: Хорошо, ты теперь также думаешь?

C: Нет.

P: Хорошо. Как избавиться от счетов и долгов? Погасив долг за прошлые расходы. Вы можете сделать прошлые расходы твёрдыми? Почувствуйте, это ощущается как долг?

C: Никаких суждений по этому поводу.

P: Никаких суждений, именно. И вы все еще судите себя, особенно, за свои долги, правда же? И когда вы судите себя, кто же вас пинает?

C: Я сам.

P: Именно. Итак, почему ты злишься на себя за создание долгов? Ты же великий и могучий создатель долгов, ты создатель - ты создаешь великолепные долги, разве нет?

C: О, да.

P: Великолепный долг,! Разве я не прекрасен в создании долгов?! Хорошо, заметь великолепного создателя, которым ты являешься с долгами. Будь прекрасным создателем, которым ты на самом деле являешься, чтобы погасить все свои прошлые расходы. Почувствуйте легкость с прошлыми расходами, вот это, как вы создаёте сдвиг в осознанности. Лёгкость – это инструмент, когда ты испытываешь лёгкость с деньгами, ты создаешь сдвиг и изменения в своей осознанности и у людей вокруг тебя. И ты создаешь динамическую энергию, которая начинает сдвигать тотально ту среду, в которой ты живёшь и, как получаешь деньги и, как они к тебе приходят и, как всё работает в твоей жизни. Но, зная, что ты великий могучий создатель и всё, что ты создал в прошлом – именно то, что ты сказал, и то, что ты создашь в будущем будет именно тем, что ты создаёшь, совершая выбор. Хорошо, следующий вопрос.

ГЛАВА XIII

В отношении денег, для того, чтобы иметь изобилие в жизни, какие три вещи будут решением текущей финансовой ситуации?

Распутин: Хорошо, у нас осталось еще два вопроса. Да?

Студент: Еще один вопрос.

Р: Еще один вопрос. Какой последний вопрос?

С: В отношении денег, для того, чтобы иметь изобилие в жизни, какие три вещи будут решением текущей финансовой ситуации?

Р: Хорошо. Кто бы хотел поучаствовать?

С: Я.

Р: Хорошо.

С: Делать то, что я люблю и делать это лучше всего.

Р: Делать то, что я люблю и делать это лучше всего?

С: Да.

Р: Итак, что заставляет тебя думать, что ты не можешь делать то, что любишь и делать это лучше всего? И какое здесь базовое предположение?

С: Что я нуждаюсь в деньгах, чтобы этого достигнуть.

Р: И что ты любишь делать больше всего?

C: Я люблю заниматься садоводством и целительством.

P: Садоводство и целительство? И ты занимаешься этим?

C: Иногда.

P: Что заставляет тебя думать, что ты не получаешь то, что желаешь?

C: Ммм...

P: Потому что ты тратишь восемь часов в день, делая что-то, что ты ненавидишь?

C: Именно.

P: Кто создаёт эту реальность?

C: Но, ну...

P: Никому не нужны садовники в этом городе? Как так произошло, что ты не стал садовником, если тебе нравится садоводство?

C: Потому что я в процессе этого, чтобы это случилось, но я...

P: И какое базовое предположение под этим, из которого ты функционируешь? Время!

C: Время, да.

P: Да, время.

C: Не было времени, чтобы создать.

P: Да. Не было времени, чтобы создать. О чем мы говорили в начале? Творчество, создание видения. Сила, являясь «я есть сила», вы даёте энергию тому, что вы желаете, осознанность того, что у вас это будет. Где вы постоянно разрушаете ваше знание о том, что у вас будет то, что вы желаете? Вы делаете это каждый день, когда идёте на работу, вы повторяете: «У меня все ещё этого нет».

С: Именно так.

Р: Что ты создаёшь из этой точки зрения? "Всё ещё этого нет" и завтра у вас этого не будет, потому что у вас всё ещё есть точка зрения, что у вас этого нет. И вы взяли определенный контроль над этим и решили, что есть определенный путь, чтобы добраться до задуманного. Возможно путь к этому лежит через увольнение с работы, ты же не знаешь, правда? Но если ты решил, что единственный путь этого достигнуть – это продолжать находиться на работе, которую ты ненавидишь, потому что это даст тебе свободу оказаться там, куда ты хочешь прийти, ты создал объяснение и путь, как ты можешь достигнуть этого, который не позволяет обильной вселенной поспособствовать тебе.

Сейчас мы дадим тебе еще одно небольшое утверждение, которое необходимо записать и держать на видном месте каждый день. Вот оно: *Я позволяю изобильной вселенной способствовать мне в увеличении возможностей, включающих и способствующих моему росту, осознанности и радостному выражению жизни.* Вот твоя цель, это то, куда ты идешь.

Р: Хорошо. С., какой у тебя следующий ответ?

С: Быть без долгов, таким образом я могу быть связан с собой и быть свободным.

Р: Без долгов. Какое базовое предположение тут? Что я никогда не буду без долгов, и что я в долгах. Что ты говорил себе каждый день? «Я в долгах, я в долгах, я в долгах, я в долгах, я в долгах, я в долгах, я в долгах». Сколько из вас в долгах?

С: Возможно, мы все.

Р: И сколько из вас говорят это с великим изобилием и почитанием? (Смеется)

С: Я точно нет.

С: С почитанием. (Смеется).

P: Хорошо, не создавайте из этого. Создавайте из «Я есть деньги». Не беспокойтесь о том, что вы называете долгами, платите по ним понемногу и вовремя. Вы хотите закрыть их все немедленно; берите 10% от всех денег, которые к вам приходят и пускайте их на оплату ваших долгов. И не называйте их долгами. Послушайте звуки этого слова долги. Звучит действительно классно, не правда ли? Называйте их прошлыми расходами. (Смеется).

C: Хорошо!

C: Это круто, это действительно здорово.

P: Трудно сказать: «Прошлые расходы», правда? (Смеется). Трудно сказать: «Я в прошлых расходах». Но «Я оплатил все прошлые расходы» - это легче. Вот как вы выходите из долгов! Мы также не должны игнорировать аспект свободы здесь. Основополагающая точка зрения здесь в том, что у вас нет свободы, что означает, что у вас нет силы, что означает, что у вас нет выбора. Это правда?

C: Нет.

P: Нет. Вы выбрали ваш опыт. О чём был каждый опыт в вашей жизни? Создание большей и большей осознанности внутри себя. Всё, что вы выбрали в прошлом было только для того, чтобы разбудить вас в этой реальности осознать правду о себе или вы бы здесь сегодня не были. Ну что?

C: Можешь повторить ещё раз?

P: Всё, что вы выбрали в прошлом было только для того, чтобы разбудить вас в этой реальности осознать правду о себе или вы бы здесь сегодня не были. Ну как? Мы сделали это слово в слово? (Смеется). Хорошо. Следующая точка зрения?

C: Чтобы жить более простой жизнью.

P: Ну и дерьмо. (Смеется).

C: Я знаю. (Смеется). Я знал это даже когда писал это. (Смеется)

P: Здесь нет никого, кто бы хотел более простой жизни, простая жизнь – это слишком просто – ты умрешь! Тогда у тебя будет простая жизнь. (Смеется). Смерть – это просто; жизнь, жизнь – это изобилие опыта. Жизнь – это изобилие всего: изобилие радости, легкости, великолепия, это реальность и правда о тебе. Ты являешься безграничной энергией, ты полностью всё то, из чего сделан этот мир и каждый раз, выбирая быть деньгами, осознанностью, контролем, силой, творчеством, ты меняешь этот физический мир на то место, где люди могут жить с абсолютной осознанностью, радостью и изобилием. Не только ты, но и любая другая сущность на этой планете находится под воздействием выбора, который ты делаешь. Потому что ты это они, а они это ты. И когда ты ослабляешь свои соображения, и не цепляешь других своими заключениями, ты создаёшь более лёгкую планету, более осознанную и пробуждённую цивилизацию. И это то, чего ты желаешь, хочешь, то место покоя и радости. Но ты создатель этого, будь в осознании этого, в радости и достигни этого.

Теперь ещё раз мы повторим о ваших инструментах. Когда вы чувствуете поднимающуюся энергию мыслей по поводу денег и вы чувствуете, как это давит на вас, разверните это и позвольте выйти пока вы не почувствуете снова своё пространство. И тогда вы узнаете, что эти мысли не вы и, что вы создали эту реальность. Запомните, что вы создаёте виденье того, что вы будете иметь в единстве с силой, энергией с ним. И будучи осознанным, что это реальность, которая уже существует, потому что вы придумали её. Вам не нужно контролировать, как там всё идет, вы являетесь контролем, и поэтому это осуществится так скоро, на сколько изобильная вселенная может обеспечить вам это. И это будет, без сомнений. Будьте благодарны каждый день за всё, что вы манифестируете, когда получаете доллар, будьте благодарны, когда получаете 500 долларов, будьте благодарны, когда получаете 5000 долларов, будьте благодарны и за то, что вы называете прошлыми расходами, не долгами. Вы ничего не должны в жизни, поэтому прошлого и будущего не существует, есть только 10 секунд, из которых вы создаете свою жизнь.

Разместите напротив себя мантру: «Всё в жизни приходит ко мне в лёгкости, радости и великолепии».

Говорите: «Я сила, я осознанность, я контроль, я созидание, я деньги», 10 раз с утра и 10 раз вечером.

Разместите где-то, где вы будете видеть и делитесь с другими этой мантрой: « Я позволяю изобильной вселенной способствовать мне в увеличении возможностей, включающих и способствующих моему росту, осознанности и радостному выражению жизни».

И будьте этим, потому что это и есть истина вас.

И достаточно на сегодня. Будьте деньгами в каждом аспекте жизни. Мы оставляем вас в любви. Доброй ночи.

ACCESS CONSCIOUSNESS®

"Всё в жизни приходит ко мне в лёгкости, радости и великолепии!®"

www.accessconsciousness.com